Tiago Amorim

O Coração do Mundo

Ensaio sobre a crise da sensibilidade e outros textos

2ª edição
Revista e Ampliada

Editor: Laerte Lucas Zanetti

Editor Assistente: André Assi Barreto

Coordenador de Produção: Laerte Lucas Zanetti

Capa, Diagramação e Projeto Gráfico: Ricardo Bogéa

Preparação e Revisão de Texto: André Assi Barreto

Dados Internacionais de Catalogação na Publicação (CIP)
Angélica Ilacqua CRB-8/7057

Amorim, Tiago
O coração do mundo: ensaio sobre a perda da sensibilidade e outros textos / Tiago Amorim. — 2. ed. rev. e ampl. -- São Paulo: Linotipo Digital, 2020.
162 p.

ISBN 978-85-65854-26-9

1. Filosofia 2. Sensibilidade (Traço da personalidade) – Aspectos filosóficos I. Título

19-2788 CDD 100

Índices para catálogo sistemático:
1. Filosofia

Este livro segue as regras do Acordo Ortográfico da Língua Portuguesa, em vigor desde 01/01/2009.

2020
Todos os direitos desta edição reservados à
Linotipo Digital Editora e Livraria Ltda.
Rua Álvaro de Carvalho, 48, cj. 21
CEP: 01050-070 – Centro – São Paulo – SP
www.linodigi.com.br – 55 (11) 3256-5823

Tiago Amorim

O Coração do Mundo

Ensaio sobre a crise da sensibilidade e outros textos

2ª edição
Revista e Ampliada

Linotipo Digital Editora e Livraria Ltda.

Linotipo
Digital

São Paulo,
2020

O Coração do Mundo

"ALL men by nature desire to know. An indication of this is the delight we take in our senses; for even apart from their usefulness they are loved for themselves; and above all others the sense of sight. For not only with a view to action, but even when we are not going to do anything, we prefer seeing (one might say) to everything else. The reason is that this, most of all the senses, makes us know and brings to light many differences between things".

"By nature animals are born with the faculty of sensation, and from sensation memory is produced in some of them, though not in others. And therefore the former are more intelligent and apt at learning than those which cannot remember; those which are incapable of hearing sounds are intelligent though they cannot be taught, e.g. the bee, and any other race of animals that may be like it; and those which besides memory have this sense of hearing can be taught".

"The animals other than man live by appearances and memories, and have but little of connected experience; but the human race lives also by art and reasonings".

Aristóteles, Metafísica, Livro I.

"Toda a cabeça está enferma, e todo o coração abatido".

Isaías 1, 5.

Apresentação à segunda edição

É com grande satisfação que a Linotipo Digital traz ao leitor lusófono a segunda edição da obra *O Coração do Mundo* do filósofo brasileiro Tiago Amorim. O sucesso de vendas da primeira ensejou esta segunda versão revista e ampliada com novos textos do autor diagnosticando alguns dos males da nossa época. Tiago Amorim, que aborda em suas reflexões temas como a metafísica, a antropologia filosófica e as relações entre filosofia e literatura, nesses textos versa sobre a crise da sensibilidade não sem brindar o leitor com uma prosa agradável e, por que não, *sensível*, dada a necessidade disso considerando a natureza da reflexão.

Fazemos votos que os leitores possam, novamente, buscar algum sentido na mixórdia que caracteriza o mundo moderno e nutrir o espírito com esta leitura sobre filosofia, relações humanas e, principalmente, sobre a vida neste mundo.

Laerte Lucas Zanetti

André Assi Barreto

Os editores

Sumário

O Coração do Mundo

II Parte Textos avulsos

Prefácio

A Desorientação como Sistema

Desde seu aparecimento na face da terra, o homem vive em crise. Mas desse estado problemático permanente sempre soube criar obras que responderam às incertezas e propiciaram o conhecimento de ser e estar no mundo. Cada época contribuiu de forma definitiva para que as bases da emoção humana não fossem ultrajadas. As grandes realizações filosóficas, científicas e artísticas anteriores continuam como fontes vivas para mitigarmos a nossa sede de coisas belas, boas e verdadeiras. No entanto, nossa época conseguiu o feito de rebaixar a tal ponto a nossa capacidade sensível que é necessário um filósofo fazer a identificação e diagnosticar que a crise profunda na qual vivemos é de *sensibilidade.*

O embrutecimento da faculdade de sentir, rastreado por Tiago Amorim na história recente da humanidade, criou um mundo de mortos-vivos. Sem a corda íntima receptível às inesgotáveis possibilidades que o Ser nos oferta – "à música que agora ouço, ao verso que leio, à criança que assisto brincar, à catedral que admiro ao caminhar" – quedamos presos num labirinto infernal que desgraçadamente leva à "morte biográfica [...] ao tédio existencial", ao sem sentido desesperador tão comuns na contemporaneidade. E nenhum de nós está livre desse quadro terrível.

Contudo, mesmo abrutalhados, não paramos de *sentir*, desse modo, Tiago Amorim pode dizer que:

> [...] a maioria não se espanta com o que deveria se espantar, não exclui o fato de que esse mesmo contingente enorme de pessoas está bastante e vulgarmente sensível a objetos como os oferecidos pela tecnologia, ou o mundo virtual e toda a escala cinzenta entre o que nele se vive e o que se vive *realmente;* também o *kitsch*, o animalesco, o material-econômico e o divertido fazem vibrar seus sinos interiores, provando que estão sensíveis para alguns aspectos da vida e mortos para outros.

Embrutecer é uma forma de buscar emoções daninhas. Perdido o senso das proporções, a vida é conduzida pelos sentimentos mais toscos.

Aplainamos o mistério da existência em suas camadas e camadas interpretativas inumeráveis, desequilibramos os polos entre razão e emoção (com a balança pesando imensamente para o primeiro) – ganhamos em superfície o que perdemos em profundidade e altura. Tal processo nos leva a ignorar praticamente a dimensão simbólica da realidade. Essa, na era moderna, ao ser seccionada ao extremo para a rígida análise das partes, foi privada da complexidade do todo; fato resumido pelo autor neste aforismo lapidar: "o que conhecemos não é apenas aquilo que pensamos ou analisamos".

Paradoxalmente, o embrutecimento – através do excesso de artificialidade do mundo atual – torna a sensibilidade histérica. Aquela superfície ampliada do real mostra outro aspecto danoso em que caímos: o desconhecimento, incapacidade ou medo de nos *entregarmos* ao "núcleo pessoal que resiste por baixo de tantas camadas de representação."

Em suas aulas, cursos, palestras, nos seus livros, em conversas, Tiago, com rara coragem e demonstração clara da realidade existente, parte *sempre* da concretude humana incontornável – o fato biográfico individual por natureza. Por isso, não pretende panaceias, mas sugere o passo a passo doloroso de cada um, uma reconquista da própria consciência diante da vida e de seu estado desumano a que chegamos.

Este *O coração do mundo*, em sua franqueza sem rodeios, é um chamamento para reconquistarmos a *poética* encoberta e negada da verdadeira vida humana.

João Filho
Salvador, 2017

O coração do mundo

O primeiro gemido

Para que este ensaio alcance seu objetivo, é preciso que as noções de vida e morte sejam atualizadas a partir de uma perspectiva que considero radicalmente necessária à compreensão de nossas circunstâncias existenciais. A abordagem que sugiro só cabe à realidade humana, já que viver sem plenitude ou morrer biograficamente são possibilidades da nossa espécie e de nenhuma outra mais. Apenas nós podemos assumir a condição do estrangeiro de Camus ou a do confidente do subsolo de Dostoievsky. Afinal somos, nas palavras de Ortega y Gasset, os seres indigentes da natureza: a vida nos escapa porque é pessoalmente real e constante o perigo de não respondê-la verdadeiramente – angústia característica do tipo irredutível de protagonismo que encarnamos no drama da Criação.

Para nós, vida e morte têm matizes não biológicos: o tédio, a depressão ou a paralisia existencial são formas de morte, assim como passar muitos anos viajando pelo mundo ou enclausurado num mosteiro são formas de vida. Há gradações e modos para ambas as realidades: podemos estar mais ou menos vivos e mais ou menos mortos, e essa dramática composição de trajetórias biográficas é revelada na ação que empreendemos no mundo, na têmpera de nossas vidas individuais, nos tons da nossa convivência e na autenticidade ou não de nossa pretensão de ser. Há homens mortos caminhando no meio de nós, realizando funções burocráticas em empregos infelizes, consumindo livros de autoajuda ou pintando jardins de papel com lápis de cores, gastando toda a sua energia em jogos de azar, pornografia ou televisão. Uma multidão de mortos-vivos de corpos e almas pálidos, dependentes de remédios e subterfúgios de toda sorte, desprovidos de elegância e brio, educação e força. Assistimos ao tempo dos homens e mulheres sem sabor: a homogeneidade tomou conta da vida, e torna-se cada vez mais raro encontrar quem resista ao estado de coisas e ofenda este mundo de polidez farsesca a que nos sujeitamos em alguma medida.

A cultura, a religião, o sexo e a política: nenhuma área da vida parece estar imune à democratização da morte não biológica. Temos a impressão de que viver é um mecanismo repetitivo, com pouquíssima margem para a diferença e a complexidade. Nossos discursos são uniformes, nossos desejos pueris e miméticos, nossas expressões de fé infantis e desprezivelmente moralistas. Com exceções, a arte é feia e ideológica, os sistemas de ensino embrutecedores do espírito, as relações a dois um teatro juvenil de cenas psicologicamente românticas. A universidade, também vista de forma generalizada, é um espaço de estúpidos lobotomizados; um monumento cinza de homenagem à mídia, às bizarrices da moda, à ignorância como valor. São cada vez mais patéticas as defesas (de dissertações e teses) ali realizadas, intelectualmente pobres e enormemente engajadas.

A comunicação de massa, por sua vez, esforça-se em perpetrar a mensagem palatável do dia, saída da boca de atores hollywoodianos ou de governantes simpáticos e cumpridores da etiqueta social vigente. As notícias, transmitidas dentro dos limites do politicamente correto, atendem aos interesses *globalistas* e por isso mesmo aviltantes da individualidade humana. A *internet*, que de recurso passou a ser linguagem, serve de palco aos mais disparatados e negligentes, aos impulsivos e vociferadores, aos imbecis e agitadores – condenados ao anonimato não fosse o *status* que o medíocre conquistou.

E cada um de nós caminha nessa noite escura.

- *Quem está vivo?*

Se as pedras não choram, é ao homem que compete ser a baliza do sangue, o canal de expressão daquilo que pulsa além da natureza bruta, a corda que vibra a intimidade da vida a que ele anuncia com desejo de abundância. É isto viver com dignidade, nadar contra a correnteza infernal dos dias, vencer a morte que nos observa como uma fera na selva implacável e faminta. Somos os únicos capazes de tocar o coração do mundo e repartir os dons que nos protegem das covas frias da existência.

Inteligência, sensibilidade e emoção

O leitor pode presumir (corretamente) que o objeto principal deste ensaio é a ***morte prematura da pessoa***, condição de insensibilidade extrema a tudo que importa. Pelos sintomas apontados acima, convém refletir sobre a vida inferior a que possivelmente nos acostumamos, conscientes dessa substancialidade que perdemos à medida que a *doença* se espalha. A morte biográfica, pessoal, não biológica, é a que nos interessa sobremaneira, sendo minha intenção refletir sobre suas principais causas e algumas de suas principais consequências. Nossa atual forma de nos "arrastarmos" pelo mundo, sem a radicalidade (raiz) e a autoria que julgo indispensáveis a qualquer vida humana, configura uma presença e uma convivência flácidas; superficiais; acima de tudo, moribundas.

Minha teoria é a de que esse mundo dos mortos não é marcado, em primeiro lugar, pela falta de inteligência a que tantos filósofos e cientistas sociais aludem ao se referirem ao estado de coisas contemporâneo, com pesquisas sobre deficiências cognitivas ou análises de quociente intelectual. De minha parte, é uma ***crise de sensibilidade*** a que vivemos; uma quase incapacidade de ressoar o gemido que nasce no coração do mundo e sustenta toda a vida. É esse gemido um tanto indizível que se exprime numa sinfonia de Beethoven, num quadro de Goya, na nossa forma de acolher e servir, cuidar e proteger; também nos ideais que nos custam grandes sacrifícios, nos valores universais que nos inspiram, no amor aos objetos da cultura que criamos. A crise, no caso, é um tipo de surdez que prevalece entre nós desde há algum tempo – sobre o que iremos falar adiante – e que nos dessensibiliza para essas delicadas realidades. Se nos sentimos menos inteligentes quando comparados a sociedades de outrora, percebo-o como consequência, não como origem: a diminuição da inteligência é fruto do processo de embrutecimento do ser, o espírito empedernido que cultivamos insensivelmente à medida que nos opomos ao gemido do coração e nos furtamos à intimidade com as coisas. Em verdade, quando deixamos de ser homens.

As dificuldades patentes observadas nas gerações de agora – para compreender simples histórias, identificar imagens poéticas, fazer leituras transversais dos acontecimentos, desenvolver raciocínios e argumentos lógicos, por exemplo – são o resultado de uma longa perversão da condição humana, aviltada pela rigidez e secura com que as pessoas têm sido educadas. Qualquer jovem que prefira os sons repetitivos de uma música *pop* a uma composição de Arvo Pärt não carece de inteligência (esta permanece enquanto capacidade, naturalmente presente no espírito humano, mesmo que corrompida ou ignorada); aquilo de que este mesmo jovem padece é uma surdez que, ainda que afete seus sentidos corpóreos, nasce do embrutecimento ou morte a que tenho me referido. Que as pobres rimas e os sofríveis versos da música atual sejam defendidos em plena Academia ou pelos líderes da cultura de massa é coisa esperada e até mesmo lógica: o que não existe para mim não pode ser objeto de minha paixão ou devoção. Se a beleza a que a Divina Comédia dá forma e verso não me toca, porque a ela estou imune pela petrificação do meu ser, é claro que seus cantos não passarão de expressão temporal e relativa de uma poesia a que não reconheço maior valor.

É esta falta de sensibilidade, ou surdez, ou cegueira – os sentidos são metafóricos aqui – que carrega de mornidão as nossas vidas. É seu trabalho que tolhe a inteligência, tornando-a mais tímida, curta e menos iluminadora da noite escura da existência. O que nos legaram os grandes poetas, os grandes cientistas, os grandes filósofos da história, foi precisamente esse feixe de luz que venturosamente dirigiram sobre os mais diferentes aspectos da vida enquanto despertos e **sensíveis** às nuances do Ser. E este mesmo corajoso e autêntico empreendimento de compreensão do mistério que nos envolve e excita nossas inteligências desde os primórdios, requer uma percepção da alma individual: uma confissão sem palavras do assombro que pressentimos simplesmente por estarmos vivos (hoje uma postura menos comum do que em outros tempos mais "gloriosos"). Esse assombro, ou emoção diante de tudo que é e *presentifica-se* diante de nós, revela-se como um dado para os sentidos íntimos antes de objeto para o intelecto. Portanto, se um imaginário sino que simbolize nossa vida interior e condição humana não vibrar com as ondas que a realidade mesma propaga a todo instante e incessantemente, não haverá matéria sobre a qual se debruçar a fim de edificar nosso conhecimento.

Sendo a crise de sensibilidade anterior ao aviltamento da inteligência, é preciso se deter nos seus aspectos mais importantes e reveladores do nosso estado bastante empobrecido. Vejamos, por exemplo, a emoção: é um movimento de alma em direção ao objeto que a desperta num assombro impossível de acontecer não havendo sensibilidade no sujeito. Sua intensidade deve ser maior quanto mais *sacra* – no sentido de pura e original – for a realidade que a desencadeie. Por isso há um decoro na emoção, uma resposta desejável à música que agora ouço, ao verso que leio, à criança que assisto brincar, à catedral que admiro ao caminhar. Cada um desses objetos emocionantes comunica a mim uma quantidade de beleza, ou uma qualidade mais ou menos clara do gemido que nasce no coração do mundo e sopra no peito de tudo que é. As coisas têm diferentes valores e despertam intensidades de emoção diferentes porque suas naturezas e consequentes capacidades de comunicação do Ser não são iguais. Toda a educação que não fosse meramente prosaica ou mesmo embrutecedora deveria suscitar nas almas esse decoro emocional, a sensibilização correspondente e proporcional à realidade que se contempla. A morte biográfica, associada ao tédio existencial, é também uma perversão da emoção, um rearranjo danoso da sensibilidade que passa a vibrar pelas coisas mais pusilânimes e feias, e a fazer ouvidos moucos para o delicado, o belo, a graça e o perfeito.

Assim, a crise de sensibilidade figura como a explicação para as falsas emoções e a lamentável rigidez espiritual que vigora entre nós. Porque fomos mal-educados e fizemos péssimas escolhas é que acabamos criando camadas de impermeabilidade e ilusão sobre nossos corações, a ponto de subverter toda a ordem natural e tatearmos a vida como seres desprovidos de sentidos. Já não ouvimos, nem enxergamos, nem provamos o gosto das coisas; elas não nos emocionam. Impedem, desse modo, os movimentos de alma que nos fariam crescer em maleabilidade e elegância – o mesmo que dizer *tornarmo-nos mais homens e mais vivos*. É claro que, a partir dessa perspectiva, é possível dizer que protagonizamos um processo de animalização, perceptível também no que fazemos à linguagem em suas diferentes expressões, ao modo que tratamos uns aos outros, à importância que damos para os apelos do nosso estômago e a ignorância algures consentida dos mais altos propósitos e deveres da vida humana que preterimos. Uma sociedade sem lirismo, como a nossa em grande parte tem desejado ser, é um corpo de instintos – ainda que funcional e burocrático; jamais uma comunidade de espíritos.

Se a emoção é um movimento de consentimento da vida – espécie de ressonância interior provocada pelas realidades percebidas adequadamente a partir de uma sensibilidade harmônica e cada vez mais viva, frutífera e lírica em alguma medida –, a inteligência é a faculdade da alma que *lança luz* sobre o objeto que afeta a pessoa pela sua presença. É sobre a qualidade e os contornos íntimos dessa afetação que venho falando ao teorizar uma crise da sensibilidade dos homens do nosso tempo. A partir daquilo que me afeta – em meu sentido íntimo primeiro, instância balizadora da sensibilidade, e nos sentidos corporais em seguida – o mundo ergue-se à minha frente e convida-me ao exercício da sua intelecção. Nossa capacidade de inteligir é a de inteligir ***algo***, e a presença desse objeto de conhecimento – independentemente se possuído por vias racionais ou não, já que a inteligência tem outros aspectos além do lógico-formal – exige de cada um de nós uma primeira confissão da sua presença: algo prévio à consciência, mesmo antes de qualquer possibilidade de ponderação ou análise, e absolutamente ligado à nossa vitalidade (*quem está vivo e para o que está?*). Daí que a afirmação de Vilém Flusser – para quem a crise da religiosidade é de alguma maneira falta de sensibilidade – seja de grande razão: ninguém pode crer numa presença divina que não o *afete* intimamente, despertando uma miríade de processos e atos pessoais que darão as formas de sua fé. O ateu, podemos assim dizer, é um insensível.

Não há nada de muito original no que afirmo. Pelo menos desde Platão já se fala da relação entre o espanto e o conhecimento, no sentido de que este é precedido por aquele. Se as coisas não despertam meu interesse, se não são *presenças* confessadas e às quais me inclino em seguida para *desvendá-las*, não há nova posse; em resumo, e de modo orteguiano, meu mundo não é alterado por estas mesmas coisas, já que ignoradas pelo meu coração. Aliás, é preciso dizer que coração, aqui, significa ***lugar de origem***, onde a vida pulsa em nascimentos sucessivos e irrepetíveis. Cada um de nós deve conhecer os contornos do próprio coração – o que dele brota e com que intensidade – e qual o seu nível de pertencimento (e ressonância) ao que tenho chamado *o coração do mundo*, um não-lugar a que a realidade mesma deve sua força motriz. É este *inarticulado*, para aludir de novo a Flusser, o precursor de todos os espantos, a rosa do Pequeno Príncipe, a grandeza do Himalaia. E no compasso deste coração deveríamos ardentemente desejar bater o nosso.

É isto ou aplaudirmos o feio, cortejarmos o mal, emularmos o bruto. Se hoje a maioria das pessoas não se compadece verdadeiramente daqueles que sofrem, ou não se enoja com os produtos da *pop art,* é por efeito da insensibilidade a que chegaram pela soma de uma educação embrutecedora – os currículos medíocres tomados como padrão, a burocratização do espaço de aprendizagem, o ensino não cognitivo como opção preferencial, o cultivo pelos educadores daquilo que corrompe a percepção e mente dos alunos etc. – e das escolhas mais ou menos livres assumidas ao longo das trajetórias. A cultura, obviamente, é o cenário amplo dentro do qual transcorrem tanto as escolhas subjetivas quanto o processo de ensino, e sobreviver a um estado de coisas desprezível não acontece sem alguma subversão por parte do indivíduo que, a partir do momento em que percebe onde está e que influências sofre, passa a nadar contra a correnteza da morte que tenta arrastá-lo. Em termos práticos, ou ignora asceticamente o *establishment* (dando de ombros para as suas seduções), ou dobra-o pela força de sua personalidade – se tornando um daqueles *outsiders* existenciais a que é preciso tolerar por ser mais forte do que toda a massa falida que se lhe opõe (é o caso de um Eric Voegelin, por exemplo).

Mas dizer que a maioria não se espanta com o que deveria se espantar não exclui o fato de que esse mesmo contingente enorme de pessoas está bastante e vulgarmente sensível a objetos como os oferecidos pela tecnologia, ou o mundo virtual e toda a escala cinzenta entre o que nele se vive e o que se vive *realmente;* também o *kitsch,* o animalesco, o material-econômico e o divertido fazem vibrar seus sinos interiores, provando que estão sensíveis para alguns aspectos da vida e mortos para outros. E isto se traduz no desejo frenético por "emoção", pelo bocejo durante a participação nas sagradas liturgias, pelo tédio que acompanha a vida sexual até dos mais jovens (que neste caso dessensibilizam, quase sempre e ainda em tenra idade, por um excesso de exposição à nudez e ao sexo pervertidos).

Se este é o principal elemento a denunciar a morte prematura da pessoa – a saber, a insensibilidade para o que importa, permanece e universalmente justifica-se como apetecível ao meu sentido íntimo – é preciso investigar sua principal causa, como prometi no início deste ensaio, mesmo que de forma sumária. Minha aposta, por assim dizer, e que compõe essa crise de sensibilidade que busco esclarecer para mim mesmo em primeiro lugar, está na supremacia do racionalismo que desde Descartes parece ser a nota de aspiração essencial do homem. Identifico o paradoxal *delírio da razão* como a grande causa da queda a que assistimos e encorpamos; da diminuição da vida a que estamos cansados ter de testemunhar, ainda que de forma inconsciente ou insuspeita.

Sobre isso, é importante fazer uma distinção que nem sempre é percebida: a que existe entre inteligência e razão, pois é óbvio que não estamos "mortos" por um excesso de luz e compreensão. O ato de inteligir, ressalto, pode até mesmo dispensar o raciocínio – é o que se passa na intuição e em outros aspectos da ação da inteligência. O que de fato nos interessa aqui é a insensibilidade que, tendo outras causas acessórias, deve-se especialmente ao fetiche do homem moderno por uma *explicação da vida* e a sua intolerância para com os mistérios e absurdos da mesma existência.

Saturno, o gás e o vômito

Ainda que com algumas variantes, o mito de Cronos pode ser assim resumido: titã filho de Urano e Gaia, foi o responsável por dar início à segunda geração mítica, ao castrar seu pai com uma foice e casar-se com Reia – com quem teria filhos, os futuros deuses do Olimpo. A questão é que, avisado por um oráculo de que seria destronado por um de seus descendentes, Cronos decidiu devorar seus próprios filhos, um a um, assim que nasciam. Cansada desse repetido horror, e numa estratégia para enganar o esposo, Reia dá uma pedra enrolada em panos no lugar do recém-nascido Zeus, que assim é salvo e colocado secretamente na Terra a fim de ser criado por uma cabra e, quando estivesse forte e preparado o suficiente, enfrentasse seu poderoso e temível pai.

A narrativa prossegue com a vitória de Zeus sobre Cronos e o início de uma nova era, a partir da qual a luz da Inteligência – simbolizada pelos raios do chefe do Olimpo – se torna o guião primeiro de homens e deuses, pondo fim ao ciclo destrutivo dos titãs.

É comum interpretar esse mito a partir do significado de *Cronos* (tempo), numa alusão ao consumo de vida que marca a sua ação. Em outras palavras, o famoso aforismo "o tempo devora a vida", tão bem representado nas cenas em que o titã filho de Gaia engolia seus descendentes. Mas também é possível uma interpretação com base no nome latino de Cronos, no caso, *Saturno* (a mitologia antiga romana é basicamente uma tradução e adaptação da grega). Foi esta acepção que ficou conhecida, aliás, desde o surgimento do quadro impactante de Goya em que o monstruoso titã de olhos esbugalhados devora uma vida que toma nas mãos ensanguentadas. Recorro à versão latina porque interessa-me a analogia entre o pai de Zeus e o planeta do nosso sistema solar de mesmo nome. A paciência do leitor será necessária agora mais do que antes: ao pisar em terreno mítico, deixamos de lado alguns cacoetes mentais modernos e contra os quais justamente se erige este ensaio, para nos aventurarmos em novos voos da inteligência, nomeadamente aqueles de que as ciências tradicionais ou simbólicas fazem uso para se aproximar da realidade pretendida. A mitologia, *esse nada que é tudo* nas palavras de Fernando Pessoa, é um tipo de conhecimento que é melhor absorvido quando amparado pelas perspectivas a que agora aludo, num esforço de ampliação de sentido de cada uma de suas partes, o que inclui a ressonância do signo *Saturno*, válido tanto aí quanto na Astrologia.

As ciências tradicionais, que precedem em forma e conteúdo a ciência moderna de método cartesiano, incitam seus estudiosos a uma visão abrangente das realidades sobre as quais se interessam, num esforço de conjugação de seus mais variados significados e expressões, respeitados os limites da cognição humana. Diferentemente do que faz um pesquisador atual dentro de um laboratório de genética ou astrofísica, quem se dedica ao estudo das ciências simbólicas não descarta acepções, nem reduz o campo da realidade intelectualmente pretendida; ao invés de recorte e limite para precisão de análise – como é o caso de um geneticista ou de um físico – aqui é desejável o reconhecimento de possibilidades, a admissão de camadas e mais camadas de sentido que uma mesma coisa pode ter.

É assim que, tentando superar um pouco a forma circunscrita e fragmentária de pensar do homem moderno, que precisa pormenorizar para definir (o Sol é isto, o genoma é aquilo), os estudos tradicionais devolvem-nos para a imensidão das realidades observadas, sendo seu percurso natural a confissão do mistério e da riqueza de significados que um só objeto tem. Alquimia ou Astrologia são exemplos de ciências simbólicas, e seus defensores (ainda hoje existem, por sorte), não buscam a definição e o conceito em primeira instância, mas o alargamento de possibilidades reconhecidas na existência concreta e simbólica da coisa. Portanto, o Sol não é isto, mas *isto e isto e isto e isto e isto* ... e todos os seus aspectos, alguns deles separadamente estudados por ciências modernas delimitadas pelos respectivos campos, são levados em conta como se somados e integrados dentro da alma do sujeito que por ele se interessa verdadeiramente, no uso e esforço de todas as suas faculdades mentais e capacidades da alma. Para um cientista moderno, devoto do *Organum* de Francis Bacon, o Sol é um astro de calor; para um tradicional, é um astro, mas também um símbolo da inteligência, da intuição, da vida abundante, da luz do conhecimento, etc. etc. etc. Ele é tudo isso que podemos já nomear e reconhecer, e tudo o mais que ainda não podemos ou suspeitamos. É um signo de significados inesgotáveis, o que, convenhamos, incita minha inteligência ao invés de reprimi-la.

O que separa os dois tipos de cientistas sugeridos acima não é apenas o tempo – porque um existia em maior quantidade na Idade Média ou Moderna e outro é contemporâneo – mas a qualidade da perspectiva sobre as realidades estudadas e, consequentemente, o tipo de conhecimento produzido. Enquanto a astrofísica produz conhecimentos astrofísicos sobre o cosmos, a Alquimia e a Astrologia produzem conhecimentos sobre a realidade, e não complementam uma à outra porque simplesmente não se separam radicalmente (a divisão entre uma e outra se dá antes por um conteúdo que lhes serve de incitamento à intimidade com o mundo, que é diferente para cada uma, mas que por obra de seu processo simbólico culmina numa experiência confessional sobre a vida e não simplesmente sobre o chumbo ou sobre vênus). Quer dizer: um astrólogo pode ser também um alquimista - e vice-versa – já que seu interesse fundamental é o todo e não as partes. A ordem, para dizer em uma só palavra, justamente o significado da palavra *Cosmos*.

Voltemos a Saturno

Quando tomada a versão latina, que corresponde ao planeta do sistema solar de mesmo nome, fica mais interessante a reflexão que iniciamos com a narrativa do mito: saturno é o planeta gasoso, e na astrologia é símbolo do pensamento – no sentido de racionalização – e a isto rege seu posicionamento num mapa astral. Daí que a associação do planeta com o mito – o titã que devora os filhos – nos permita esta interpretação (apenas uma entre as tantas possíveis): não só o tempo (Cronos) consome a vida, mas também a racionalização.

Em outras palavras, quando exagera no uso de sua capacidade de análise, aplicando-a insistentemente a tudo que vê ou toca, o homem acaba por perder a vida; por deixá-la escapar por excesso de racionalização. O *cogito ergo sum* traduz-se num perigoso credo desde o qual devotamo-nos ao titã Saturno ao preterirmos sua subversiva filha, a Inteligência (Zeus ou Júpiter). Como as duas coisas não são sinônimos – o que conhecemos não é apenas aquilo que pensamos ou analisamos – optar preferencial e existencialmente pelo gás do pensamento é correr o risco de perder a substância que o precede.

Tentando ser o mais claro possível neste ponto, refiro-me ao ensaio de George Steiner – *Dez razões possíveis para a tristeza do pensamento.* Nessa brilhante exposição sobre os limites e dificuldades do pensar, Steiner lembra-nos que o pensamento tem um fluxo possessivo e consumidor (nalgum sentido) das coisas sobre as quais se inclina. Isto se explica pelo fato de que, quando nos dedicamos a pensar numa coisa, pretendemos desmistificá-la, destituí-la de um mistério que nos assombre, pois é próprio do pensamento apoderar-se abstratamente de uma realidade a fim de devorá-la. Tal como Saturno no quadro de Goya, se compraz no momento em que não há mais **o que** saber sobre aquela mesma realidade, dirigindo seu fluxo para o aspecto seguinte que desperta sua curiosidade ou posse compreensiva. E por isto, arremata Steiner retransmitindo ponderações de Schelling, o pensamento é melancólico por natureza: está fadado a destituir para possuir, a desmantelar para conter; a digerir – acrescentamos – para sobrepor-se.

De fato somos herdeiros do cartesianismo, da perspectiva titânica de Saturno que acredita poder tomar toda a vida nas mãos e prová-la, analisá-la, fragmentá-la a ponto de enfraquecê-la em seu constitutivo mistério. É como se não nos permitíssemos confessar o absurdo, e por isto dirigimos nossas forças no sentido de matematizar a existência a ponto de ilusoriamente termos nossa máquina do mundo – pretensão conferida nas *leis* da natureza a que buscamos perceber e traduzir, aos milagres infindáveis que passamos a escarnecer, ao fechamento das massas a todo e qualquer sinal de transgressão dessa normalidade entediante e seca a que deseja.

E assim chegamos ao que considero a grande causa do embrutecimento do espírito, do hiato crescente entre nossas vidas humanas e o coração do mundo: o exagero da razão, seu voo pretensioso sobre todo o terreno da existência, tomou os espaços dentro de nós que antes pertenciam à sensibilidade, à baliza do sangue que nos colocava em intimidade com as coisas a partir de um tipo de ressonância – hoje dificultada pela ação devoradora de Saturno. Isto porque razão e sensibilidade, como bem marcadas por Jane Austen, foram opostas desde o advento da Modernidade: onde uma se expande a outra se retrai. Ou somos mais inclinados a uma ou a outra, dizemos desde então. A dicotomia fé e razão, ou a duplicidade *res cogitans* e *res extensa,* são expressões dessa mesma oposição de fundo, de uma divisão operada na realidade do homem, hoje de coração triste e fissurado. A Literatura dos últimos dois ou três séculos não deixa de ser uma grande *mimese* dessa fragmentação experimentada após algumas revoluções do pensamento e perpetrada pela ação de Saturno, que agora replica seus antigos métodos mesmo sob o reino de Zeus.

Contudo, e concordando com o fato de que razão e sensibilidade foram opostas a partir dos trabalhos de um Descartes e um Kant, e que ambas fazem parte de nossos mundos interiores, também é fato que cada evento de nossas vidas ou objeto de nossa atenção terá maior ação do pensamento ou da emoção, não descartando a também possível experiência de emocionar-se por algo pensado ou de pensar sobre alguma emoção (assim, sucessivos; jamais simultâneos). O que chama a atenção é justamente a desnecessária oposição, haja vista que as duas faculdades agem de maneira dinâmica e tensional no homem, e a consequente primazia de uma em detrimento da outra é que lamentamos. A crise de sensibilidade, sintoma máximo da morte como aqui tratada, é possível por que feito o divórcio interior que nos transformou nestes sistemas binários sem chance para a unidade (ainda que dramática, como é de se esperar de todo fenômeno humano), optamos pela razão. Sacrificamos a outra parte pela sua aparente inutilidade ou limitação frente ao organismo explicativo que projetamos e temos realizado em nossas cidades complexas, nossos ordenamentos jurídicos herméticos, nossa técnica científica inspiradora dos maiores orgasmos existenciais. Não havendo como retroceder a um estado de maior *natureza*, como diria Rousseau noutro sentido, deixamo-nos levar pelas promessas da razão que exigia, pelo seu caráter prático e devorador, a oposição aos contornos do sensível que remetem demasiadamente a um "pré-tempo" de mistério e assombro. Assim, e para usar de uma imagem irônica, a humanidade tornou-se uma grande praça em que de um lado um cientista social analisa os andantes em seus tropeços, e do outro uma cigana lê destinos em mãos enfeitiçadas.

De novo: já que não há justo meio, nem simultaneidade, escolhemos o cientista e escarnecemos da cigana (é a alternativa mais *lógica)*. Levando em conta aquilo que Ortega fala a respeito do *viver é ter de eleger*, evidente é que as formas da cultura desde há muito tempo tem influenciado nossa formação, e por isto tem sido mais frequente a escolha individual pela perspectiva racional, fazendo de cada um de nós um ressentido da era começada por Zeus quando da queda de seu pai. Um olhar sensível sobre nossa vida atual dá a perceber os malfadados caminhos da inteligência, seu futuro incerto diante de tanta aridez estranhamente cultivada. E como ressentidos temos nos esforçado por restituir, no plano existencial, o trono a Saturno

– que já não habita o submundo e emergiu com mais apetite do que nunca.

A eutanásia é justificável então; o aborto tem suas razões; a relação a dois precisa ser vantajosa; as diferenças são inadmissíveis; filhos têm de ser planejados; a alimentação virou contagem de nutrientes; o corpo tem monitorização contínua; a literatura preza pela não ofensa; a ciência transmutou-se em deus; o sexo foi adestrado pelo politicamente correto: são estes sinais da boca do titã engolindo a substância da vida.

Em primeira medida, é assim que chegamos à crise de sensibilidade que nos impede gozar verdadeiramente das coisas, senti-las em toda a sua pujança, sermos alterados pelas suas presenças. A esterilização dos ambientes – tornando grande parte dos espaços públicos e até mesmo nossas casas uma emulação das salas de hospitais –, a legalização de quase todos os aspectos da vida social, a estatização do pensamento, a primazia do coletivo sobre o individual: expressões e mais expressões da antissepsia que vigora e que faz *desencarnar* a vida humana. É precisamente assim que nos tornamos mais mentais, numa analogia possível aos produtos e realidades da razão em contrapartida com os do corpo, análogo à sensibilidade (os sentidos físicos e o sentido íntimo, como disse antes). A mente, alijada do corpo, indisponível para as sensações e processos interiores que diminuam de alguma maneira seu resplendor gasoso: eis o ideal do homem moderno. O corpo e as indesejáveis vicissitudes da carne são deslizes a serem evitados tanto pelo intelectual agnóstico quanto pelo religioso dogmático. Real é aquilo que pensamos, muito mais do que aquilo que sentimos. Daí a desconfiança geral e alimentada das sensações, das informações suspeitas que o corpo e seus elementos arredios de expressão nos oferecem. Daí, também, a surpresa bestial daqueles que adoecem gravemente e só se apercebem disso quando suas entranhas estão reveladas numa máquina clínica ou exame diagnóstico: todas as sutilezas necessariamente sinalizadas ao longo do tempo foram ignoradas pelo paciente que vive como se colado em partes, sobressaltado pelos rompantes brutos das funções mais baixas do seu "sistema". Quando a cigana acerta uma, o senhorzinho entra em crise.

O corpo, expressão material de nossa sensibilidade e dela vaso comunicante, é meio pelo qual temos experiência da presença total e sentida; nosso instrumento material de aproximação com o mundo, pois "nele" temos os ouvidos mais ou menos atentos ao rugido das entranhas e ao pulsar do coração. A fragilidade que nossos corpos têm demonstrado quando comparados aos de outrora (doenças que hoje nos desestabilizam, necessidade de mais e mais vacinas, sistemas imunológicos débeis, etc.), e nossa flacidez de matiz plastificada provam, mais uma vez, a suspensão existencial que afeta a religiosos, agnósticos e ateus, simplesmente porque os afasta do toque cheio de odores e outras sensações que um corpo, quando não é anulado em levitações histéricas, necessariamente tem com a vida (no caso dos religiosos, a neurose antisséptica é aquela que Igor Caruso chamou de *Complexo de anjo*).

É claro que a emoção não brota simplesmente dos sentidos corporais, mas sem eles torna-se impossível. A sensibilidade a que me refiro – aquela que me mantém ressonante ao coração do mundo – depende da materialidade, que no nosso caso é também reconhecida no corpo com o qual nos instalamos no mundo. Qualquer ressonância verdadeira da alma em relação aos conteúdos da vida deve passar pela afinação do instrumento dos sentidos, o corpo. Assim, o que assistimos hoje, com homens e mulheres vestidos como personagens de desenhos animados ou com a postura de um chimpanzé, revela-se mais uma (entra tantas) evidência da falta de educação que dificulta a emoção e consequentemente a ausculta dos gemidos de fundo. Tornamo-nos um exército de corpos desafinados, e os produtos da cultura não poderiam ser harmônicos e melódicos quando seus agentes agem à revelia das pautas e das escalas. Sou completamente avesso, por exemplo, às ditas "manifestações artísticas" que intensificam no sujeito – especialmente nos mais jovens – seus aspectos mais baixos e próximo dos animais (tal como ocorre em certas danças ou estilos musicais).

E o fato de eu me posicionar a respeito – destas e de tantas outras coisas que considero importantes – não é gratuito de minha parte; ou impensado. Faço-o intencionalmente, por acreditar que Saturno deve ser golpeado para que regurgite a vida antes devorada. Um pouco de violência, neste sentido, é bem-vinda, pois dá testemunho da nossa própria força com a qual enfrentamos a correnteza de imbecilidade e morte. Como bem argumenta Nassim Taleb em seu *Antifrágil*, aqueles que simplesmente resistem às investidas do mal acabam sucumbindo: a correnteza, por fim, prevalece. Por isto é preciso atacar, ter gana de vencer a mediocridade, a surdez da massa em relação a tudo que verdadeiramente importa. Sou favorável a algum nível de envolvimento dos intelectuais de hoje com os temas fundamentais da sociedade em que estão (não acredito ser possível voltar a ser o rato de biblioteca ou simplesmente o habitante da torre de marfim, como em tempos passados da vida intelectual). Não se trata de ser engajado, como preferiria Gramsci, mas de não ser omisso: de gritar, se preciso for, o nome do erro; e escarnecer, sempre que possível, dos delírios titânicos.

São esses socos no estômago de Saturno que devolvem os conteúdos da vida, regurgitados desde o ventre do devorador. Esses pequenos ou grandes "choques" têm o costume de restituir nas pessoas a perspectiva humana das coisas; dignamente humana, eu diria. Assim como a verdade não se revela suave e gradativa ao jovem que dela se enamora, a realidade, quando admitida em sua presença total pelo sujeito, é um imenso golpe no corpo de quem até então inventara as próprias fundações. É o edifício da vida falsa que desmorona quando decidimos ver as coisas como elas são, repletas de significado e gravidade como só a nós homens é dado perceber.

Uma das mais comoventes argumentações filosóficas que li é a que Ortega y Gasset desenvolve em *Estudos sobre o Amor*. É nesse texto que o prosador espanhol coloca o Amor como arquiteto do mundo. E desde então me sinto inclinado a também enxergar as coisas desta forma: viver é uma realização arquitetônica, uma imbricada composição de tudo aquilo que amei ao longo dos meus anos. Somente quando amo alguma coisa, algum aspecto da realidade, alguma pessoa, algum valor, é que com isso estabeleço uma relação – não de posse ou aniquilação, mas de encontro. Estar no mundo é ser convidado constante e ininterruptamente a novos atos de amor, frutos de uma eleição pessoal, de uma atração mais ou menos consentida. É assim que eu e você edificamos nossas vidas: amando umas e outras coisas, umas e outras realidades. É com esta perspectiva, acredito, que um homem deve se voltar para ***tudo que há***: com a desinteressada vontade de amar. Deus, uma pessoa, um animal ou uma terra estão para cada um de nós como objetos amáveis em diferentes graus, e cativando-nos, exigem em nome deste mesmo amor a confissão de seus contornos; aquilo a que outros filósofos e teólogos chamaram de *contemplação*.

Não deveríamos andar pelo mundo com ares secos de quem o analisa, mas com o desinteresse característico dos contempladores – aqueles admiráveis homens e mulheres que não corrompem de atividade o que no fundo é amor paciente.

Os insensíveis, de fato, não amam.

Causas acessórias da crise de sensibilidade

Contudo, os delírios de Descartes e de tantos outros engenheiros da Modernidade – como o exagero dos poderes da razão e a sua oposição à sensibilidade – não constituíram, sozinhos, o homem insensível. Seria atribuir demasiada importância ou imputar demasiada responsabilidade ao cartesianismo e seus derivados. Ainda que o racionalismo seja a causa principal da crise de que tenho falado, é preciso nomear alguns fatores que também participam, em alguma medida, do retorno de Saturno que se arvora. Um ou outro já foram comentados ligeiramente neste ensaio, pelo que agora disponho-me a esclarecê-los:

Exposição frenética – Muito além de todas as cores e toda a vida que a realidade já se encarrega de oferecer aos nossos sentidos, é preciso lembrar que a humanidade tem conferido camadas artificiais de apelos à natureza. A velha dicotomia *natureza x cultura* pode ser explicada pela própria condição humana de *artífice*, quem desde os primórdios projeta sobre a vida bruta os conteúdos de sua imaginação. É por esta sina inventiva que uma pedra se tornou roda, uma planta serviu aos registros da escrita e a primeira casa foi construída. Somos ao mesmo tempo descontentes com o *status quo* e imaginativos em relação ao mundo, sempre buscando acrescê-lo, facilitá-lo, potencializá-lo para melhor uso ou gozo, num movimento de "criação" contínua do futuro. Parece-me evidente que enquanto homens, bons ou maus, sensíveis ou não, jamais agimos em plenitude presente: há sempre um porvir desejado, uma intenção sobre o possível, uma fenda alcançada pelo olhar da irrealização. *"Esta carne ficaria mais macia se assada", "esse homem ainda pode ser um bom cidadão", "ano que vem poderei mudar de trabalho"*. Cultura só é possível porque, para nós, a natureza não basta. Viver não basta. E nessa trajetória de artifícios, criações e inventos, chegamos a um tempo em que a existência individual pode transcorrer, em sua maior parte, sobre um chão de irrealidades. Chegamos a um tempo em que uma pessoa que mora numa grande cidade tem a seu dispor um *"Sol"* artificial, alimentos sintéticos, condições de temperatura ambiente manipuladas, analgésicos e dissimuladores da dor e da angústia, virtualidade suficiente para nunca precisar sentir o cheiro de alguém. A vida moderna e urbana é pródiga em exemplos desta ordem, indicadores do quanto conseguimos, após longo esforço, sobrepor (num sentido) nossas invenções e conteúdos imaginários ao *suor dos dias* ou à natureza das coisas. Tudo possível pela condição humana artífice, teatral, projetiva e agregadora de sentido. E assim um bebê que nasça neste tempo sofrerá, quase indubitavelmente, maior exposição às camadas de luzes e sons que permeiam uma vida do que aquele nascido no século XIX. O leitor pode se perguntar, agora, por que raios um supermercado tem fundo musical? Ou por que os filmes de ação lançam explosões e sangue cada vez mais acentuados sobre seus espectadores. Ou ainda: qual a razão dos brinquedos serem tão luminosos, tão barulhentos, tão apelativos quando comparados aos carrinhos de madeira ou ao cavalinho de pau das crianças de outrora? A resposta é uma só: o mundo artificial que criamos exige doses enormes de atenção para ser percebido em meio a tanto... artifício. É um ciclo vicioso: as irrealidades tecnológicas, brilhantes, audíveis e coloridas que oferecemos aos sentidos uns dos outros geram uma insensibilidade para aquelas coisas menos modernas, à margem da disputa virulenta por atenção que necessariamente os objetos de agora acabam por empreender. Os atos e criações discretas, um filme de Bergman ou andar de bicicleta, partem com enorme desvantagem na luta pela percepção de quem tem, a seu alcance, a música batida da massa e o *videogame*. E nem mesmo a fé escapou à exposição frenética que estas gerações têm sofrido aos conteúdos que sequestram a sensibilidade a partir de um crescente uso das técnicas de encantamento. Um exemplo seria a infinidade de paroquianos, em tantos cantos do mundo, que lamentam as celebrações litúrgicas que não tenham baterias e guitarras para embalar seus cantos histéricos. A exposição frenética a essa cultura de matiz exagerada, como se as almas fossem disputadas num pregão da bolsa de valores, tem aviltado a arte, a religião, a política, a universidade etc.: todos aspectos da vida humana que agora se pautam, salvo raras exceções, pela quantidade de decibéis que conseguem alcançar com suas criações embrutecedoras. Não é de espantar que a maioria esteja surda.

Sensíveis demais – Ao mesmo tempo, colabora com a crise de sensibilidade a pequenez desse homem moderno, diminuído ao ponto de não mais conseguir enfrentar as tribulações que sempre fizeram parte das nossas trajetórias. Estamos frágeis, *alminhas de algodão*, como escrevi em *Por que não somos felizes?*.

O fato de editoras estarem contratando "leitores sensíveis" para conhecer suas obras antes de que venham a público, buscando diagnosticar excertos no texto que poderiam ser ofensivos a grupos sociais e minorias, é bastante sintomático do nosso tempo. Se assim o fosse em outras épocas, não haveria Monteiro Lobato, nem Philip Roth, nem Shakespeare (todos preconceituosos ou politicamente incorretos para o olhar sensível da nossa gente). Os motivos para essa diminuição do ser humano – para essa perda de graus e substância – são vários, e a complexidade do fenômeno transcende os limites deste ensaio. Entretanto, o que nos importa aqui é este paradoxo: por estarmos sensíveis demais potencializamos a crise de sensibilidade. Como? Explico: a sensibilidade à flor da pele é irônica, pois só permite que os conteúdos da vida *resvalem* na própria pessoa. Os sentidos corporais mal entregam as imagens e a alma delicada reage como sem tempo para a acomodação do objeto dentro do sujeito (para aludir aos termos de Piaget). Nos homúnculos, o ***sentido íntimo*** não chega a ser invocado: as realidades param na dimensão sentimental ou superficial do processo anímico. E pela sua repetição, o péssimo hábito de a tudo reagir como criança mimada, dificulta-se a possibilidade de ser impressionado no núcleo pessoal que resiste por baixo de tantas camadas de representação. Por esta razão as batidas do coração do mundo se lhe escapam: o gozo a que a experiência da realidade abre caminho é substituído pela alteração de ânimo e as consequentes sensações nas entranhas.

A educação da massa – como já apontado neste texto, a educação tem grande influência sobre a massa. Refiro-me aos sistemas de ensino modernos, com seus currículos padronizados e balizados por aparelhos burocráticos e governos centralizadores que dão às escolas e universidades matizes muito parecidas. Se antes a educação formal acontecia sob a tutela de vários atores e instituições, hoje é possível determinar a verificar os programas aplicados a alunos de pequenas e grandes cidades, em países mais ou menos desenvolvidos, desde um escritório em São Paulo ou Bruxelas. Há um controle ideológico do que aprendem nossos meninos e meninas, algo de que estamos fartos saber. Como expõe Pascal Bernardin em *Maquiavel Pedagogo*, a educação não cognitiva prepondera, gerando multidões de incapazes teóricos mas fiéis protetores do meio ambiente e inimigos do cigarro. A massa, homogênea por definição, é formatada para a visão de sociedade que estes organismos e governos cultivam dentro de seus gabinetes, sob os pretextos mais incríveis. Uma simples comparação dos currículos do início do século XX com os de agora é suficiente para demonstrá-lo: educar não se trata mais de oferecer instrumentos de compreensão do mundo e do fenômeno humano com primazia daqueles objetos frutos de nosso maior engenho; educar passou a ser um processo de fabricação de atitudes, industrialização de pensamentos. Para isto, usa-se de um edifício de puerilidades historicamente criadas e enxertadas nas mentes imberbes. Relativização de tudo, questionamento dos padrões e valores tradicionais, crítica feroz dos modelos passados, superação da meritocracia, revisão dos conceitos de inteligência e aprendizagem, abandono dos formalismos: *o professor atual não ensina, educa*, diriam os próceres do século XXI. E na complexa e insistente sedução das almas ingênuas sentadas nos bancos escolares, os educadores modernos equiparam Dante a um letrista de *rap*, propõem a diminuição da gramática, repetem feito macacos a importância de dar voz aos ignorantes. Os sistemas de ensino vigentes têm participado nesta marcha crítica que vivemos e a consequente insensibilização das novas gerações. Na grande maioria dos casos, não sobrevivemos às aulas e programas pedagógicos aplicados: já saímos mortos para o mundo, "formados" segundo as cartilhas estúpidas que nos fazem engolir. Um adolescente médio que tenha frequentado a escola por dez anos no Brasil, por exemplo, é tão sensível aos bens universais e às sutilezas da vida humana quanto um elefante está apto a tocar piano. Qualquer estudante que transgrida este diagnóstico provavelmente não deve sua educação sentimental ao Estado, mas à família – que ainda figura como a célula resistente onde os delírios podem ser postos de lado e o que importa continua sendo ensinado pelo exemplo ou conselho. A boa e velha educação clássica é motivo de risos cínicos entre os iluminados que definem o que e como devem aprender as crianças e jovens. A substituição de uma aula de ciências por um teatro sobre iniciação sexual ou a importância da politização representado no pátio da escola é, sem dúvida, corresponsável pelos novos cidadãos burros, *porém engajados*, que, anestesiados, circulam por aí.

O materialismo – por fim, também tem sua cota de responsabilidade a estreiteza de visão que predomina entre nós. O materialismo pode ser entendido como um ato de fé naquilo que seja atual, postura tão característica no homem moderno e que, por definição, exclui da perspectiva do sujeito as irrealidades presentes dentro e fora da matéria. Um materialista dogmático acredita no que seus olhos veem, como o ferro encontrado na mina. Já o aço, um derivado seu, seria uma esperança de realização a que nenhum verdadeiro materialista deveria anuir; do contrário, se inscreveria no rol de metafísicos que consideram possível o presente impalpável. É uma grande ironia, há que se reconhecer. A doutrina de Marx e tantos outros é um discurso, não mais do que isso. Ninguém pode ser materialista por inteiro, pois ninguém vive apenas sob a influência dos objetos imediatos a que chamamos realidade sensível. Há, como diria Julián Marías, uma enorme porção imaginada ou irreal que compõe essa mesma vida real, o que faz com que o cristão mais espiritualizado e o marxista mais fiel assemelhem-se na sua instalação *crente*, fiadora e esperançosa de mundos e objetos possíveis. O religioso difere-se por ter uma imaginação mais rica e um universo de possibilidades mais vasto que o do materialista (que por condição humana também acredita na potência do que não existe e por ela é cotidianamente afetado). Materialistas a sério não existem, digamos claramente. São apenas pessoas de imaginação pobre e visão estreita, o que faz com que acreditem em toda promessa científica e desconfiem da oração de seus pais, e consequentemente não se espantem com os inúmeros erros dos homens de laboratório e a fidelidade de intenções de quem por ele espera em casa. Se somos marcados naturalmente por essa fé no possível, se vivemos instalados numa zona tensional entre realidades e irrealidades, é fato que a perspectiva teórica materialista diminuiu o campo das possibilidades, reduzindo-as a um número "sensato" segundo o seu credo. Daí que muitos conteúdos da vida humana que são tipicamente arredios às verificações da razão e ao manuseio dos sentidos, sumam do horizonte de consciência destes insensíveis. *Vida do espírito, importe vital artístico, beleza universal,* são fenômenos que exigem força e graus de imaginação a que o materialismo não pode alcançar. Sua decisão prévia sobre o que existe e sobre o que não existe é um impeditivo: limita-lhe a liberdade a ponto de apequenar a condição humana, e a vida que poderia ser um mergulho num grande mar de sensações e experiências, restringe-se a um molhar os pés em lago de águas frias.

Penso que outros fatores históricos, sociais, culturais e até mesmo espirituais também contribuam para a crise de sensibilidade. Entretanto, as quatro realidades acima dispostas são, a meu ver, as mais influentes naquilo a que antes e principalmente os delírios da razão titânica deram início.

Resta falar de uma lamentável consequência a que esse processo mortífero tem nos levado.

Da vida prática para a vida do espírito

Se a crise de sensibilidade do nosso tempo é fruto especialmente do exagero da razão, da sua falta de medida e de seu ímpeto devorador da vida, é porque de fato a modernidade nos prendeu mais às coisas do cotidiano – que por consequência exigem maior uso da capacidade de análise, de resolução de problemas, de ordenamento da **vida prática.**

São as estruturas das cidades, tal como desenvolvidas a partir dos séculos XV e XVI, que impuseram tais necessidades e urgências (o trabalho semanal, a escola, os impostos, os documentos civis, o sistema bancário etc.). Se somarmos o número de atribuições, obrigações e conflitos que a urbe – para além de todos os ganhos e facilidades também proporcionadas – acabou gerando para os seus habitantes, veremos que um dia normal na vida de um cidadão médio é gasto, em grande parte, com preocupações dessa ordem. Um pai ou uma mãe de família de classe média tem tantos afazeres, tantos dilemas e obstáculos burocráticos para ultrapassar que é quase impossível *escolher a melhor parte*, numa alusão à cena evangélica de Marta e Maria. Em paz diante deste ensaio, ao lado do abajur enquanto o lê e reflete, é relativamente fácil ao leitor dizer que escolhe a melhor parte (a vida do espírito, no caso). Mas basta a nova manhã surgir, e o plano de saúde encarecer ou a crise política agravar a ponto de atrapalhar ainda mais a sua existência, que sobrepor-se à vida prática será no mínimo um desejo angustiante, porque repleto de tensões e dificuldades.

Neste trecho de *Entre os Atos*, Virginia Woolf expressa com maestria a vida em "golpes de martelo" que nos machuca desde a manhã, impondo uma ordem infernal a que obedecemos bovinamente (os grifos são meus):

"Quando despertamos (pensavam alguns) o dia fere-nos com os seus duros golpes de martelo. O escritório (pensavam outros) impõe-nos a incoerência. ***Dispersos, fragmentados, por aqui e ali, e reunidos pelo toque de uma campainha.*** *Trrrrim – trrrim – trrrrim, é o telefone. 'Depressa'. 'O serviço não espera' – e é a loja. E assim observamos a ordem infernal, constante e eterna, que nos comanda de cima.* ***E obedecemos. Trabalhamos, servimos, esforçamo-nos, apressamo-nos, ganhamos o salário que vamos gastar ... onde?*** *Aqui? Oh, meu Deus, isso não. Agora? Não, numa outra altura.* ***Quando os ouvidos estiverem surdos e ressequido o coração".***

Assim tem sido a vida moderna, eivada de complexidades e curvas apressadas a engendrar esse *inferno* de distrações. É evidente, comparativamente falando, que a vida humana era mais simples em outros tempos. Podemos atestar isso com apenas dois exemplos: o ordenamento jurídico e o número de profissões. Fosse no império romano ou na França do século XIII, o número de leis que regiam a vida social de seus cidadãos era mínimo, ou até mesmo ridículo quando comparado às dez mil novas leis aprovadas no Brasil por ano, em média. O mesmo espanto em relação aos caminhos profissionais e vocacionais:

como bem lembrado por Ortega y Gasset em seu *A rebelião das massas*, um homem do século XIV tinha poucas opções de vida, podendo escolher entre a mercancia, o seminário, o campo e mais uma ou duas formas de vida adulta. É natural que esse mesmo homem não tivesse grandes angústias em relação às possibilidades, justamente por serem em número tão pequeno. O nosso caso é infinitamente mais complicado: temos um "mundo" de profissões e estilos de vida que se apresentam como alternativas para nós, para nossa eleição e composição pessoal, e por esta razão sofremos (onde há muita oferta, há dúvida).

A vida moderna é mais dramática e complexa que as precedentes. Não acredito haver como discordar desta afirmação. E isto faz com que eu e você procuremos solução para ela; que em parte gastemos nossa energia tentando torná-la menos angustiante, menos devoradora. Gostamos de poder resolver compromissos a distância – no uso dos aparelhos tecnológicos que assim o permitem –, de tomar analgésicos para assistir a uma reunião importante, de repetir menos exercícios na academia porque fazemos parte de um programa de educação física que reduz o tempo necessário em frente aos aparelhos de musculação. A vida prática é o palco onde transcorre a maior parte de nosso argumento biográfico, de nossas trajetórias pessoais. A conquista de um seu conforto, no desenrolar dos atos, funciona como o prato de lentilhas pelo qual sacrificamos a herança primogênita.

Mas basta colocarmos a questão nestes termos para a lentilha revelar-se insuficiente à causa pessoal: quem elegeria as coisas práticas como os pontos mais importantes e iluminadores da própria existência? Quem escreveria uma autobiografia colocando em primeiro plano o almoço de segunda-feira no *buffet* por quilo, a fila no banco na tarde de quinta, as horas no trânsito voltando para a casa, a declaração do imposto de renda? Quem, no seu juízo perfeito, consideraria essas coisas dignas de memória, de todo o esforço consciente para serem ***eternizadas***?

Então temos o paradoxo atual: gastamos muito tempo naquilo que não acreditamos ser a *melhor parte da vida*, e quando confrontados com as perguntas certas ou imbuídos de um momento de lucidez, com maior ou menor resistência acabamos por confessar nossa distração, nossa instalação existencial à mercê da melhor parte. Como é possível este reconhecimento? Pela presença daquilo que tanto Bruno Bettelheim quanto Paul Diel explicaram como uma *suspeita permanente:* uma espécie de martelo interior constante a denunciar a condição humana, gerando no plano existencial os medos e descontentamentos que expressamos ainda que ignorantemente. Isto quer dizer que por mais práticos ou dispersos estejamos, assolados pelos afazeres do mundo, nossa humanidade, por si só, testemunha o movimento natural e exigente do ***dever ser***, donde nascem os projetos e as culpas, além de toda e qualquer possibilidade de consciência da vida inferior que cada um possa estar conduzindo pelos seus dias. Ainda que informados em seus próprios corações daquilo que rege as leis da vida desde sempre, a postura negativa ou surda ao que importa – e que tantas vezes assumimos – custa-nos bastante caro, ao também embrutecer nossos espíritos a ponto de abafar gravemente aquela nota de suspeita que ressuma desde a origem pessoal e que seria o fio de Ariadne contra toda morte e petrificação.

E porque sabemos o que está em jogo, porque nosso coração está sempre intimamente informado de nossa condição humana – antes de que ressequido esteja –, é que tentamos, com maior ou menor sucesso, abrir nesgas pelas quais a poesia entre (aliás, era esta a "religião" de Woolf, segundo Harold Bloom, já que a escritora inglesa acreditava apenas na arte como salvação). É o que buscamos fazer ao participar de um clube de leitura, ou ir a uma peça de teatro por mês, ou frequentar grupos virtuais que discutam filosofia e literatura etc. Dedicamos o *tempo que sobra* depois de todos os afazeres práticos ao que consideramos os negócios do espírito, na esperança de que sejam minimamente suficientes. De que aquela hora semanal num curso de história da arte alivie minha secura com uns nacos de lirismo.

Não entendemos, por consequência, por que a obra de Kafka nos escapa, ou por que Saramago é tão difícil, ou por que Machado parece tão velho. Ou ainda: por que Bach não é tão emocionante, por que filmes de aventura são mais atraentes, por que o sutil ou simbólico nos afasta. Perguntas de quem tenta, faz o possível para responder aos apelos da consciência, mas percebe flutuar sobre os pretensos conteúdos do espírito que imaginava acessar.

Nossos sentidos, por onde toda a realidade "entra", acabam por se acostumar aos objetos que lhes oferecemos constantemente. É por isto que a fealdade não atormenta quem dentro dela cresceu, como o menino na comunidade pobre no Rio de Janeiro. Também é por isso que aquelas obras de grande engenho e poesia do espírito humano parecem tão distantes para mim que dedico a elas o tempo que resta da minha semana cansativa (quando muito). Assim vamos *formatando* nossa sensibilidade segundo os objetos apresentados aos sentidos externos (tato, visão, audição, paladar e olfato), assentando os caminhos que as realidades percorrem desde sua máxima exterioridade até sua máxima interioridade – quando passam a habitar dentro de cada um. Ou seja: educamos nossa sensibilidade para a vida, e a maneira que fazemos isto é que irá determinar em grande parte o que ressoa e o que não ressoa em nós; o que do coração do mundo consegue ***falar-nos*** e o que não encontra terreno fértil.

E ainda que vida prática e vida do espírito não sejam duas realidades tão opostas como propositadamente fiz parecer – excludentes, no sentido de que a resolução de um problema civil não possa ser também um crescimento espiritual –, é claro que elas geralmente se opõem porque nos dirigimos aos seus apelos com diferentes disposições; porque também são aspectos da vida que suscitam em nós habilidades várias – aquela necessária para pagar uma conta e aquela outra necessária para apreciar um concerto. Por isso é comum dividirmos nossas vidas nesses dois aspectos que, se fossem muito bem vividos e conscientizados, não precisariam opor-se no plano dos fatos. Expressões desta desejável postura seriam a paciência frente ao problema com a prefeitura, o senso de proporções diante de uma disputa comercial ou briga no trânsito, a reta apreciação dos objetos de cultura mais industriais. Mas não apenas: é preciso mais para solucionar a tensão moderna.

Para se conseguir essa postura harmônica, digna de um homem maduro e sensível, deve-se prestar reverência maior ao que mais significativo é. O conselho é antigo e remonta a Aristóteles: aspirar aos bens que são desejáveis em si mesmos (tratei disso num capítulo de *Por que não somos felizes?*). Portanto, a vida do espírito – vista assim, com mais didática e organicidade possível – deve sobrepor-se à prática, sendo para ela guia e fundamento. Posso me tornar um bom cidadão e bastante correto com as próprias obrigações, lidando com cada seu aspecto de maneira adequada, se primeiro dedicar-me ao que verdadeiramente faz-me humano; ao que se faz presente desde meu núcleo pessoal e deve ordenar todas as expressões da minha vida.

A confusão de planos – ainda que não opostos, mas sim diferentes – acontece a toda hora. Colocamos no topo das prioridades aqueles bens materiais que almejamos, o concurso público que queremos, os confortos que projetamos. E todas essas coisas, ainda que possam ser muito boas, jamais deveriam ser o princípio de nosso credo; em outras palavras, o conselho, por assim dizer, é de jamais preterirmos o mandamento primeiro, o qual podemos traduzir por *amar, antes de tudo, o Amor.*

Uma razão poética que alcance o gemido

Percorremos um longo caminho até aqui, ao partirmos da constatação de que estamos *menos vivos* do que em outras etapas da trajetória humana, e apontarmos o racionalismo moderno como principal causa da crise de sensibilidade que lamentamos por ser comprometedora de toda a pessoa – a realidade única e *irrepetível* que cada um é, e que tolhida em seu sentido íntimo põe em risco a própria humanidade.

Meu esforço para tornar mais evidentes os contornos da ação de Saturno, sua irrupção das profundezas a que a Inteligência o lançara naquela batalha mítica, não ignora o fato insuperável de que o homem é racional, e de que essa sua faculdade é indispensável para uma ação verdadeiramente *humana* sobre a terra. Não é minha intenção assumir a causa do *irracionalismo unamuniano*, por mais meritória e parcialmente correta que possa estar. Talvez, por motivos diferentes e circunstâncias próprias, o grande intelectual espanhol também tenha reconhecido os erros oriundos do delírio da razão analítica, cientificista e reducionista que já no século XIX dava seus sinais. Entretanto, não comungo da ideia de que a vida é inteira *absurda*: sua quarta parte compreensível, a que um Tomás de Aquino ou um Leibniz souberam acessar no melhor uso de suas faculdades racionais, já bastariam, como exemplos, para dar à razão a parte que lhe cabe nesse latifúndio, legitimando-a com certa glória. Para mim, é incontestável que a maior parte da vida é misteriosa e absurda – e necessariamente tem de sê-lo; do contrário, que sentido teria falar em absurdo pequeno, escuridão controlada, mistério limitado?

As coisas são como são: nossas vidas transcorrem num absurdo a que escapamos, vez por outra, quando imbuídos da intenção compreensiva possuímos alguma parte da realidade que esquematicamente *cabe* em nossos pensamentos. Simplesmente não podemos deixá-lo de fazer: se Prometeu nos roubou o fogo dos deuses, não há como devolvê-lo. A razão está em nós como faculdade auxiliadora, presente como elemento que dispomos para também ***responder*** à vida humanamente. Portanto, em si mesma, não é má e nem merece condenação, como não o merece a imaginação, a sensibilidade, a inteligência etc. O que realmente se passa desde o advento da Modernidade e seus tentáculos (como o cartesianismo e o materialismo) é uma sobreposição da razão às outras faculdades da alma, numa pretensão terrível de mecanização do mundo e abarcamento dos mais variados fenômenos da vida. É este o delírio titânico que vem engolindo-nos desde então, com os abstracionismos característicos que *desligaram* ou apartaram-nos do suor das coisas, de um corpo que abriga o coração e seu gemido primordial.

À razão mecanicista, cientificista, ideológica e *prosaica* é preciso, sim, opor-se. Não com a sua anulação, mas com a restituição de um caminho possível entre sua capacidade de dizer e *a unidade de fundo* a ser dita. Na perspectiva da filósofa Maria Zambrano, uma **razão poética,** que em posse da pretensão natural de esclarecer, tenha limites menos estreitos e permita-se sofrer a ação da realidade ao invés de pragmaticamente contê--la. A razão não deixa de ser razão, pois conserva-se enquanto faculdade reveladora do que uma coisa é apresentando-a à própria consciência primeiro. Contudo, é uma razão poética, que suspende o seu impulso de revelar aspectos da parte – como faz todo aquele que analisa algo – para ser testemunha do todo a que só uma imagem poética é capaz de dar caminho. Enquanto o racionalismo moderno sugere-nos uma *fuga* imediata da experiência de assombro afim de logo descrevê-la, acalmando os apetites saturninos, a razão poética impele-nos à admiração e ao convívio, dentro dessa zona metafísica de conhecimento, com as forças e elementos mais variados que enriquecem e compõem a realidade em toda a sua conexão. Parafraseando Zambrano em *Filosofia e poesia*, é a atitude de poeta que todos desejamos: a de não se desagarrar da impressão autêntica nem tentar perscrutá-la metodicamente. A inquisição do intelecto, que *fere* o todo sempre que sobressai em perguntas, já não corrompe o assombro na razão poética: aqui, nada se busca porque tudo se tem.

Também é esperado que frequentemente façamos esse movimento vertical de descida, responsável por expor logicamente aquelas porções da realidade de que precisamos para viver melhor. É a ciência e seus domínios, a filosofia que não se pretenda metafísica, as técnicas de favorecimento do cotidiano e do meio social: são espaços em que a razão há de comungar o espanto com a sua tradução em números, conceitos e leis. Entretanto, essa mesma razão praticada em prol dos nossos avanços e entendimento, em alguma medida indispensável, será mais fecunda quanto maior for a sua antevisão ou experiência poética da unidade a que vislumbra e da qual necessita para seu próprio quadro de referências de ação. Não se tratam, assim, de duas razões, mas de dois momentos diferentes da mesma razão poética que deve primar pela admiração e trabalhar desde esse universo amplo e unívoco ao mesmo tempo que torna suas descobertas e exposições de fato ***verdadeiras***. Desta forma, é a razão poética uma abertura à unidade do real, sensível à magnitude da vida que se traduz em versos poéticos, cenas míticas, enunciados lógicos e fórmulas matemáticas: é um *raciovitalismo* que não separa, mas conjuga; e por isso a atitude de quem a emprega é uma reconquista paradisíaca, no instante compreensivo em que perdura no tempo com os contornos da simultaneidade eterna.

As batidas do coração do mundo são percebidas quando os sentidos precedem a abstração e o assombro a interrogação. Quando um grande poeta faz novos versos, é como se ele nomeasse, pela primeira vez, um dos golpes desse coração a que todos deveríamos ouvir, mas que só ele pôde dar-lhe rosto. Um poema é uma unidade porque é imagem encarnada do Ser, que se revela em gemidos que só os atentos e sensíveis alcançam.

Noutros termos, os que corporificam uma razão poética.

Aquele que tem ouvidos para ouvir, que ouça!

A cura é precedida de um diagnóstico, e a cultura da morte em que nos inserimos exige-nos esse olhar clínico sobre o que tem nos dilacerado e consumido vorazmente nossas vidas. A crise de sensibilidade vem tolhendo a cada um de nós em suas dimensões mais expressivas e condizentes com a dignidade ontológica que reconhecemos como própria humana, *irrepetível* na natureza criada, sendo um grande mal do nosso tempo. É o que nos aparta, aliás, do sofrimento alheio, nos instalando num tipo de vida excessivamente privada e egoísta, ao mesmo tempo que apelativa de afetos e aplausos. No fundo é o "cada um por si" que tem prevalecido em muitas circunstâncias e aspectos, ainda que o *amor ao próximo,* como sustento da convivência, dê razões bastantes para não perdermos a esperança.

Mas é muito difícil não se tornar um cético diante do cenário de mortandade: conseguiremos refrear a desventura humana? As suas mais diferentes expressões de embrutecimento e racionalismo devorador permitem alguma mudança de destino? A Academia, os sistemas escolares de ensino, a grande mídia, as representações virtuais e exaltadas de nós mesmos, o ateísmo militante, as ideologias palatáveis para o momento, a burocracia, a estatização do pensamento, das relações e das posturas públicas e privadas; também a vitimização social, a balela das minorias, a voracidade das massas ignorantes, a baixa e engajada literatura, a conversa fiada, o uso de drogas cada vez mais pesadas por almas cada vez mais anestesiadas; a monetização dos projetos individuais, o tédio e a paralisia, a animalização. Todos esses vetores pelos quais a vida *vai-se embora* deixam-nos alguma possibilidade de reação e estanque da sangria que avança?

Um religioso diria: sim, a intervenção divina! Rezemos!

Não tenho dúvidas de que Deus é bom e ouve nossas preces. Mas também sei que a boca fala do que o coração está cheio, e é deste coração que estamos tratando, pois a prece comunica-o; entrega, quando sincera, conteúdos de seus mais recônditos espaços. E por esta razão é preciso tornar-se alguém antes de com os dedos entrelaçados dizer *"Pai"*. Não me interessam aqui as contendas religiosas e dogmáticas, ou a exegese bíblica das promessas divinas. Não sou teólogo, mas sou cristão. Mantenho a alma aberta para o milagre, recorro à sua ação sempre que consigo vencer meus próprios encerramentos. Mas um homem de fé – e não estou tomando a mim mesmo como modelo – precisa *ser um homem* antes de qualquer coisa. Precisa educar suas paixões e disposições; formar-se, adequar suas percepções à imperiosidade da realidade. E isto, que não se confunde com intelectualidade, é o que pode deixá-lo suscetível às maravilhas de Deus; à Sua Presença assombrosa e vivificante. Quando São Boaventura, em seu indispensável *Itinerário da mente para Deus*, defende que antes de reconhecer Deus Nele mesmo é preciso reconhecê-Lo na natureza e em seguida na própria alma, penso que era disso que o santo estava falando. A aventura da fé, desde que haja uma primeira intenção sincera de *creio*, começa na posse da própria vida, na confissão da realidade pessoal que não tem fundamento em si mesma. Por isso, a religiosidade não dispensa – muito pelo contrário, até exige-o – o autoconhecimento e o esforço contínuo de atualização das sutilezas do Ser na própria existência, na apreensão mais ampla possível do que os filósofos chamaram *metafísica* – que constitui a vida mesma e apela à razão poética.

É este processo **para dentro**, em direção ao próprio coração, que pode tornar-nos mais sensíveis à medida que nos aproxima dos contornos essenciais da vida, contornos que conduzem ao coração do mundo – à intimidade profunda que realizaria em nós um tipo de *metanóia* capaz de ressonar os gemidos de sempre. Por isto Vilém Flusser diz que a sensibilidade é também religiosidade: porque nos "afina" para o que verdadeiramente importa, nos predispõe ao chamado da vida em toda a sua plenitude. E a arte, especialmente, é o instrumento de que o homem goza – ao mesmo tempo que o compõe com algum sofrimento – para ser mais homem. A beleza de que o artista é testemunha, e sua obra uma promessa de contemplação, é um bem indispensável à humanidade, um consolo sem o qual não podemos ser... homens. Se assistimos e padecemos de um cenário de morte prematura, num ceifar cruel de possibilidades de vida do homem atual, é também, pois, devido à arte sem sentido que tantos produzem. Ao invés de serem expressões de um gemido inefável, são gritos de dor de almas quebradas já na superfície dos acontecimentos. A arte moderna, via de regra, não consola; angustia e deprime, o que contribui para o número crescente de mortos que povoam os jazigos da loucura, da desesperada qualidade de vida, do trabalho escravizador, do deus tecnológico e científico, da poeira da fama.

Todavia, a marcha em curso sofre um revés quando existe a tomada de consciência por parte do indivíduo. Quando movido pela necessidade de mais vida, ou provocado por outro, pelos mestres, pela cultura, pela sua circunstância pessoal, abre, pouco a pouco, janelas pelas quais a luz penetra e amplia a visão da realidade que antes, cego, não via. A sensibilidade, para ser recuperada, não exige mil leituras ou mil horas acadêmicas: exige, na verdade, a confissão do mistério que envolve e sustenta toda a vida, do qual se constitui também a própria humanidade que, como já dito, não tem um fim em si mesma. É a partir dessa instalação no absurdo, possível desde que desfeitas as ilusões da razão moderna e em posse da poética, que os sons de fundo já não são inaudíveis. Novas e novas faces da terra passam a se revelar porque agora deseja-se sinceramente vê-las, prolongando o assombro a que toda intimidade com a vida acaba por despertar.

O sociólogo Zygmunt Bauman falou de um tempo e um amor líquidos. Talvez sua percepção tenha sido válida antes de que as coisas chegassem ao ponto de não terem sequer liquidez. Afinal, este estado da matéria ainda indica movimento. Já a nossa situação é mais grave e *paralítica*: vivemos um tempo e um amor sintéticos. A crise de sensibilidade se revela também na artificialidade de emoções e sentimentos que projetamos sobre o plástico que cobre nossos corpos, a antissepsia de nossos ambientes, a retaliação de nossos apetites e pensamentos. A via negativa é bastante sintética: não pode, não deve, não faça, não coma, não experimente, não seja. Mas seu oposto não é a libertinagem, como já reagiriam os mais pudicos, mas sim a experiência verdadeiramente humana, insubstituível mesmo pelo mais moderno sistema operacional ou recurso tecnológico. Viver é um trabalho poético, não uma atualização de *software.*

E a grande ironia nessa desesperadora busca por lógica e operacionalização da vida humana – numa obstinada execução metódica do que se considera o desenvolvimento correto das suas etapas – é o fato de estarmos, num geral, mais *perdidos* do que nunca. Diria Chesterton (em *Disparates do mundo)* que o homem é um vadio errante desde a expulsão do Paraíso. Concordo. Mas como destaca o autor inglês, ao longo dos séculos vadiamos em busca de uma casa; em outras palavras, nossa instalação vagabunda era justamente a circunstância necessária para nos impelir ao encontro da origem, representada na casa que inventamos e construímos, nela dispondo nossos maiores amores – como a liberdade, as pessoas que elegemos para conviver, o espaço de intimidade etc. Se algo mudou neste tempo de desorientação, foi justamente a perda da origem: a insuspeita de um *donde* partimos e para o qual regressaremos na odisseia pessoal que necessariamente faz de cada um de nós um *Ulisses* à procura de seu reino.

Essa vadiagem que marca nossa humanidade é orientada desde dentro, por uma voz que nasce no fundo insubornável a que se referia Ortega y Gasset, abrindo para toda pessoa a possibilidade de vigilância que permite descobrir os caminhos do próprio *retorno.* A casa, a origem, ou ainda o coração que bate desde sempre e antes de qualquer um de nós: as imagens são muitas para uma mesma realidade e uma mesma experiência a que tencionei tatear ao longo deste ensaio. Trata-se, no fundo, de traduzir em palavras o que, sendo radicalmente sincero, é indizível. Daí meu fracasso confesso, pois de antemão sabia que meu plano só atingiria o aspecto *audível* do gemido a que necessitamos, para nossa própria sobrevivência, escutar. Todo o inarticulado que precede o som, a fala e o que mais fizer vibrar o sentido íntimo, escapa, por definição, às exposições que fiz; exige, para ser conhecido, um mergulho particularmente desinteressado, a postura amorosa que subjaz à razão poética e verdadeiramente *arquiteta* em nós o mundo enquanto casa original.

A insensibilidade pode ser vencida pela conjunção desses fatores de que me vali nesses parágrafos finais: consciência de si, instalação no absurdo e a consequente perspectiva poética de sua compreensão; vadiagem dirigida desde dentro e a contínua (e auxiliada pelo meio) educação dos sentidos. É assim que o coração do mundo – ele mesmo um milagre incansável – pode nos afetar.

Quem tem ouvidos para ouvir, que ouça.

II Parte

Textos avulsos

Sexo nestes dias

A recente celeuma em torno de uma decisão judicial que permitia, aos psicólogos que assim se propusessem, o acompanhamento terapêutico de pessoas infelizes ou angustiadas com a sua homossexualidade, com vistas a uma alternativa de comportamento sexual, pouco me interessa pelo seu aspecto político: as manifestações mais ou menos histéricas e entrincheiradas ideologicamente, de todos os lados do campo dos partidos, são matéria para outras reflexões. O que a conjuntura revela – e sobre o que tenho pensado recentemente -, é o componente dramático que parece inerente à condição sexuada humana, capaz de fazer sofrer, de gerar os mais tortuosos dilemas psíquicos e existenciais, além de servir de tábua aos jogos do poder e engenharia social – coisa a que já vamos nos acostumando neste tempo de açambarcamento da vida em cada um de seus componentes, seja pelo Estado, seja pela mídia, seja por qualquer outro agente decidido a esquadrinhar *o mundo pessoal.*

Portanto, e partindo da premissa de que a polêmica não se restringe à esfera jurídico-política, mas antes contém *um segredo de interesse* genuinamente humano, sobre uma de nossas mais estruturantes realidades pessoais, creio ser oportuna a minha despretensiosa intervenção na praça.

Como já escrevi outras vezes, sexo é bom. Mesmo. Nos dois sentidos: no plano das sensações – no gozo a que ansiosamente buscamos quando abraçados ao corpo do outro -, e no psíquico, que se vê consolado da solidão em que todos moramos em alguma medida, por meio de uma interpenetração que ultrapassa, assim o creio, os órgãos genitais. Eis uma delícia da vida, tanto celebrada quanto acusada: por motivos que transcendem os limites deste texto, tem sido o sexo uma presença marcante nos púlpitos, nas obras filosóficas, nos consultórios de psicologia, nos diários de burguesinhas tolas e nas anotações de campo de antropólogos. Mais importante do que isto, a sua necessidade de resposta – sua forma de nos interpelar pessoalmente e exigir uma postura sadia ou neurótica, livre ou cativa -, imbui nossas trajetórias individuais de um cariz sexual, o que condiciona, em parte, nosso *ir vivendo*. Em outras palavras, a vida humana, assim como reclama um sentido, uma posse de si, um ânimo ou têmpera, também espreita nossa atitude frente ao sexo, nossa história e forma própria de preencher o espaço a que o nascimento lança em desafio. Um pênis ou uma vagina são também circunstâncias, no sentido orteguiano, a serem absorvidas ao longo do tempo; ignorá-los, assim como ignorar a raça ou a idade, é prescindir não apenas de um componente, mas da humanidade que também está na integração das partes.

Por isto considero urgente dar novos ares às discussões que envolvam a realidade sexual, independentemente da esfera onde transcorra o debate. A meu ver, uma boa perspectiva, *de novo*, é a da substância que se perfaz no tempo: olhar para o sexo como aquilo que pode dificultar ou promover a *substanciação* da pessoalidade. Dado que somos, num sentido, feitos de irrealidades e escolhas, composição de nossas vidas com uma liberdade que falta às espécies plena e totalmente determinadas, a pessoa que cada um é deve-se também a um *como*, para além do *que* herdado no nascimento. Se é verdade que nascemos humanos, recebemos o ser inconfundível e particular, também o é o aspecto criativo da pessoalidade, o cultivo histórico da substância a partir da qual somos mais ou menos homens, mais ou menos mulheres, numa aferição que se dá pelos graus biograficamente conquistados.

Assim, atos sexuais – e a condição sexuada como um todo – servem ou não, num processo que se caracteriza pela tensão, e não pelo "claro/escuro" dos moralistas, à realização da pessoalidade, sua melhora qualitativa (outra forma de dizer *substanciar*). A consequência lógica decorrente disto é esta: as regras gerais não são particulares, por óbvio; não atentam à especificidade da alma individual, suas trajetórias e campos de latência existenciais. Não defendo, entretanto, a abolição destas mesmas regras (que, para mim, são universais e devem inclinar ações); apenas ressalvo, e com maior premência nos dias que vivemos, o caráter profundo e pessoal do sexo, que sendo bom em si mesmo, não deixa de ter nuances e suscitar dúvidas no modo como o realizamos em nossas vidas, em prol do que possamos considerar o "ganho" de pessoalidade (mais vida ... em abundância, e não seu contrário).

Eu, por minha conta e risco, tenho dito a quem me pergunta – e atenção ao universo "quem me pergunta" – que o sexo é o campo onde se travarão importantes batalhas pelo espírito humano. Não acredito que a postura do resguardo monacal por toda a gente seja, precisamente nas circunstâncias que sofremos, o código moral a ser seguido, nem espanta, ao ponderarmos isto, as recentes pesquisas que demonstram a queda do apetite sexual nas novas gerações, e a substituição da intimidade da cama por um simulacro virtual qualquer. A par destes resultados, penso que o leitor também deseje que a espécie se arme contra a própria "extinção", sabendo da promessa de substância que se encontra no drama individual em que se anuncia o ato de *fazer amor* ou *transar.*

*E*m resumo, a decisão por fazer sexo com alguém, a certa altura da vida, é irremediavelmente uma escolha pessoal; uma *aposta* mais ou menos segura numa experiência que pode fazer crescer aquele que se desnuda, ou diminuir o que se suja.

A sepultura dos atuais

As notícias nos arrastam, para lá e para cá, como se ventos fortes e incontornáveis. Quanto mais conectados às redes sociais ou mais atentos aos canais que veiculam os acontecimentos do dia, mais tumultuados ficamos, sem perceber que a instalação no mundo não tem raízes no passageiro, mas no solo firme do que permanece.

De fato há um modo *jornalístico* de seguir vivendo: atuais como nunca, temos nos esmerado em portar a urgência, comentar aquilo que se publicou minutos atrás; demonstrar nossa indignação ou anuência às falas que reverberam, incipientes, a emoção do momento. Como partidários de causas e pessoas, não nos furtamos ao sacrossanto direito de opinar e marcar um território que julgamos sempre necessário. Nada deve escapar ao nosso ímpeto de exterioridade – espaço onde transcorre, desde então, a maior parte de nossas vidas agitadas.

Se tomarmos como exemplo os temas mais discutidos nos fóruns virtuais, num *facebook* ou *twitter*, veremos que os assuntos da política ou os debates acalorados sobre questões ideológicas assomam; são, se comparados aos níveis de interesse geral por temas menos febris, a pauta principal da conversação. A experiência virtual o comprova: quando trato de temas ordinários como a queda de um governo ou a reportagem sobre um globalista qualquer, tenho respostas imediatas e em números sempre crescentes. Entretanto, se o que proponho num *post* ou *blog* tem a petulância da necessidade espiritual – como num comentário sobre literatura clássica ou a metafísica de Julián Marías -, o público faz ouvidos moucos. É assim, eu sei. É da natureza mesma das coisas.

Ninguém que se esforce diariamente por transitar entre os andares da realidade, fazendo o cansativo movimento vertical e tensional entre o plano dos fatos e o do sentido último de todos eles, deve esperar grandes envolvimentos de uma malta indisponível para tal. Como diria Virginia Woolf, estão ressequidos os corações daqueles que andam marcados pelo martelo das horas. Daí que meus amigos escritores, poetas e críticos culturais expressem, muitas vezes em tom de desabafo, suas desilusões e fadigas: a vida do espírito não tem grande salário neste mundo.

Mas este texto não é um lamento pelas coisas serem como são: eu serei o último a chorar o fato de haverem trânsitos e sinfonias, notícias e epopeias. A intenção, aqui, é cumprir o que julgo um dever de quem luta, como o *Sr Sammler* de Saul Bellow, para não ser sufocado e, encontrando a nesga pela qual a luz não cessa de entrar, partilha aquilo que não é segredo, mas um combate pessoal eivado de tentativas, erros e acertos, consolos e angústias.

"Deus é silêncio. O diabo é barulho", disse o cardeal Robert Sarah numa entrevista recente. Sem dúvida, existe uma força no silêncio, um prêmio na postura reflexiva e menos colérica daqueles que prezam pela altura e não apenas pela horizontalidade. A batalha em que todos os dias nos inserimos, com maior ou menor consciência disto, é vencida, em parte, pela *exumação* do barulho que nasce na superfície do coração de cada um e que precisa, para sua própria morte derradeira, de um canal de putrefação: um destino menos comprometedor em que as vozes e gritos se dissipem sem pôr em causa o coração do mundo.

A tragédia de nosso tempo é que o campo de batalha e a podridão dos corpos em decomposição acontecem a olhos nus, sob as expressões famintas e as bocas aguadas de quem só quer ver o fogo, os ânimos, o quente do momento. É assim que estes mesmos homens e mulheres, sem o perceber, sufocam-se em sepulturas indignas onde coração e vísceras oferecem-se igualmente aos vermes.

A luta contra o nada

Semana passada coloquei meus dois filhos em frente ao computador para que assistissem a um filme que fez parte da minha infância – e da de muitos, tenho certeza: *História sem fim*, de 1984, baseado no livro homônimo de Michael Ende. Ainda que os efeitos visuais e sonoros, a produção e a direção de arte, possam estar muito aquém daquilo com que as crianças de hoje estão habituadas, nos filmes e desenhos animados de alta tecnologia que acompanham, não foi surpresa para mim que ambos fossem absorvidos pelo narrativa apresentada. O mais novo, especialmente, assistiu duas vezes seguidas à aventura de Atreyu e Bastian.

O enredo do filme vocês devem conhecer: *Fantasia* é um mundo que depende, obviamente, dos sonhos e imaginação de seus habitantes. Não por acaso é governada por uma menina, muito nova, a quem chamam Imperatriz. Bastian é o leitor que encontra um exemplar de *História sem fim* num sebo e acaba, por uma espécie de magia, participando do enredo como mais um personagem: é ele, enquanto leitor-personagem, o herói que deve ajudar *Fantasia* a resistir ao nada. Escuridão, trevas, um lobo feroz e assustador, a lama que faz submergir o cavalo-amigo de Atreyu: todos estes elementos servem à confirmação da ação que corrói o mundo em que seres lendários e fantásticos vivem, todos dependentes da imaginação.

A defesa do diretor do filme – que é também a do autor do livro – é da própria faculdade da imaginação: é preciso que ela continue viva, rica, capaz de alimentar o mundo e mantê-lo a salvo do vazio. Crianças são pródigas nisso, já sabemos; mas também percebemos que as últimas gerações têm as crianças mais velhas de toda a história humana (raptadas pelo racionalismo aviltante, a secura dos tempos que vivemos, a quase ausência do lirismo nas relações familiares). De fato, é preciso salvar também a fantasia de nossas crianças, que têm se tornado adultas esvaziadas de sentido justamente porque não cultivaram os monstros, heróis e seres alados que deveriam quando pequenos. A maturidade torna-se, a partir disso, um movimento de repetição constante e insosso, pobre em possibilidade de vida, triste em seu argumento biográfico.

Mas não é apenas disto que eu quero falar hoje, nesta luta contra o nada que é preciso viver desde a mais tenra idade. Assistir ao filme novamente, com meus filhos, fez-me pensar na força do nada que toma os espaços da convivência, as aparentes (e falsas) realizações pessoais; a inutilidade de grande parte de nosso tempo; a busca do prestígio, da aprovação social, da construção de castelos de areia feitos para afago da consciência intermitente. Penso, quando escrevo isto, na atividade exterior que disfarça a inatividade anímica: no "mais do mesmo" que impera nessa *Fantasia* a que chamamos redes conectadas, eventos sociais, fama etc.

O desvio é tão grande que há quem **faça muito** e nada realize. Nada. Não é possível extrair um copo de suco de toda a aparente e "pujante" vida pública que algumas pessoas têm.

Ao olhar mais ingênuo, parece haver em certos homens e mulheres algo de muito interessante, muito *produtivo*: escrevem muito, postam muito, trabalham muito, opinam muito, fotografam muito, leem muito, discutem muito. ***For what?***

Disso tudo, uma pequena parte revela algo de substancial. De resto, **nada**. E qual o critério de "nada" que uso aqui?

A eternidade. É ela o parâmetro de julgamento – o verdadeiro, pelo menos. Diante dela, que vale isso ou aquilo? Esta ou aquela ação? Esta atividade, este julgamento, esta participação midiática? Mesmo: qual o peso substancial de cada um dos meus atos, determinado pela permanência e força que terão na imortalidade de minha existência?

Quando estabelecido este critério – o único que me parece válido para uma vida feliz – pouco subsiste. Nossa vida, nossas ações públicas, nossas energias e tempo gastos em dezenas de coisas, deixam de ser importantes, urgentes ou valoráveis. Passam a revelar-se em sua plena nulidade. Passam a vigorar em toda a sua mortalidade, *seu nada*, diante do movimento efetivo que deveria marcar a vida. O fato é que o "nada" engole nossas vidas não por sua ação destruidora – lembremos, trata-se do nada, que portanto nada faz e nada pode fazer: perdemos a presença de tudo porque nos furtamos à ação, deixando de fazer algo que valha a pena mesmo e que seja um capítulo na história da salvação pessoal.

Andamos danados existencialmente porque ceifamos as possibilidades de vida em abundância. Cortamos as possibilidades de criação biográfica porque sacrificamos o nosso mundo no altar das aparências, dos cliques, da completa e inexpressiva *Fantasia às avessas:* O faz-de-conta mortal que se lê na história de cada um de nós.

Que dragão da sorte nos salvará?

Às mulheres que nos envergonham

Antes que eu aborde o assunto específico que me traz aqui, é preciso recuperar outra vez a noção de ***condição sexuada como instalação do ser humano***: só há duas formas de vida humana – a masculina e a feminina – e não existe um terceiro gênero. Vir ao mundo como homem ou como mulher faz com que a vida seja sentida, vista, tomada, desta ou daquela maneira. Sendo assim, a disjunção polar de que fala Julián Marias é a expressão de uma oposição referente a uma mesma instalação: numa ponta, a forma de vida feminina; na outra, a masculina. Como acontece com toda oposição, os elementos em questão crescem em especificidade quando confrontados. Quer dizer, diante da morte a vida salta aos olhos; torna-se mais patente, mais "viva" – e analogamente é o que acontece com mulheres e homens. Sou *mais homem* quando diante de uma mulher. *"Um homem não é um homem até que ouça o seu nome da boca de uma mulher"*, lembra-nos Antonio Machado.

A ideia brevemente exposta é o que outro filósofo espanhol, Xavier Zubiri, chamaria *respectividade do real*: as realidades dizem respeito umas às outras, e os opostos têm algum tipo de íntima reciprocidade, pois são aspectos de uma mesma realidade original da qual são derivados (vida e morte, preto e branco, som e silêncio, homem e mulher). Todos existem independentemente do outro. Entretanto, quando confrontados, ou, na referência à realidade oposta, são mais "reais" – pois o elemento de oposição serve para seu conhecimento pela via negativa (e não só). Pensando sobre a morte, passo a saber não só sobre ela, como também sobre a vida, sua antagonista. Outro exemplo: conscientizar o que não é eu (não faz parte de mim), ajuda-me na compreensão daquilo que sou (a filosofia de Fichte é, em grande parte, sobre isso). Oposição EU – Mundo.

Assim, para além da respectividade do real – desde a qual todas as coisas reais levam-nos a outras coisas reais -, existe uma respectividade íntima entre opostos (pois são ambos derivados de uma mesma realidade original). No caso dos seres humanos, a condição sexuada que nos constitui possibilita duas formas opostas e, pelo que se depreende até aqui, configura uma relação de conhecimento entre homens e mulheres. Não é apenas um jargão afirmar que homens são mais e melhores homens diante de mulheres que, por sua vez, são mais e melhores mulheres quando diante de homens. A disjunção polar, as oposições, a respectividade que ressalta a referência que ambos os sexos fazem a uma mesma realidade (a condição sexuada da vida humana como instalação) permitem e impelem uns e outras a conhecerem a si mesmos. E não estamos falando de preferências sexuais – não estou escrevendo sobre isso: trata-se de forma de vida que, como disse antes, necessita de sua oposição para melhor possuir a si mesma (tal como a escuridão é melhor compreendida quando confrontada com a luz).

Até aqui, nada de novo. Quem acompanha meus cursos (*Filosofia da Mulher, Estudos sobre o Amor*) ou leu meu livro (*Por que não somos felizes?*) já conhece a disjunção polar, caso particular de oposição de realidades respectivas. O que trago hoje, além da minha intenção de ajudar homens e mulheres desde a minha perspectiva de varão, é acrescentar mais um elemento de instalação existencial ao que sabemos ser condicional. Em outras palavras, tornar mais evidente um dos *movimentos* que acontecem na relação de conhecimento e convivência entre homem e mulher.

O homem é aquele que tem de ser forte. Obviamente, nem sempre o consegue. Mas se define existencial e simbolicamente como aquele que tem a pretensão de ser viril, expressar fortaleza, proteger ou suportar. A história dá mostras – seja pela educação, seja pelas realizações pessoais – daquilo que homens sempre aspiraram e daquilo que sempre rejeitaram (no caso, principalmente a fraqueza). Nós homens somos mais suscetíveis às brutalidades da terra e menos às "delicadezas" do céu. Temos no mundo, para nosso maior perigo, palco para o início e o fim de nossas ações. A espiritualidade, a alma, a religião, são todas nuances do feminino do qual, de alguma forma, podemos participar. O feminino nos atrai justamente por tudo que contém e que nos falta, e por isso varões podem ser fiéis a Deus ou grandes missionários: porque se abrem, por exemplo, à ação da Graça; ou à consolação da Filosofia; ou à beleza da Arte. Tudo extremamente feminino e atraente e, ao mesmo tempo, muito pouco brutal ou forte.

As mulheres, que encarnam existencialmente os símbolos do aspecto feminino da realidade (e da qual são elas mesmas um destes aspectos), agem como faróis que nos guiam, delicada e misteriosamente, às sutilezas da vida. São elas nossas asas, diria Julián Marias. E nisto está justificada toda a poesia dedicada às musas, todas as canções de galanteio, toda a pretensão de conquista. Num tempo em que é criminoso tornar a mulher um objeto, é preciso lembrar de sua função objetiva: estamos neste mundo, homens, *para elas*. Nossas realidades dizem respeito às delas e nelas se comprazem, se consomem em sentido e sublimação (outra palavra feminina).

Só há sentido falar em varão se em oposição à mulher (e vice-versa). São mulheres *para* nós, diante de nós, em oposição a nós. Atualizam sua condição sexuada justamente quando presentes num ambiente em que homens as vejam, as contemplem, as desejem, num movimento centrífugo que faz os varões saírem de si em direção ao que os transcende (homem – Vida). Por isso, são as mulheres nosso objeto de salvação: **não para nosso uso, mas para nossa comunhão.**

Na intimidade com uma mulher o homem descobre a si mesmo como homem. Reconhece-se diferente dela e pretendente da força. Todo homem sente-se envergonhado quando se vê fraco diante de uma mulher. Quando peca pela indeterminação, irresolução e covardia. É isto que assusta a um garoto desde seus 10 anos de idade, e que o faz suar as mãos ao ficar sozinho com a colega de turma por quem se apaixona e delira silenciosamente. Meninos e homens aceitam tudo, menos ser desprezíveis enquanto menino e homens: queremos ser necessários a elas, reconhecidos em nossa fortaleza (toda sábia mulher entende da famosa "massagem de ego" e dos efeitos em seu homem).

Por isso, e para evitar sua perdição, homens têm de passar vergonha ou pelo menos ter medo dela. São as mulheres que o colocam nessa posição que mais colaboram para seu amadurecimento. São as presenças de algumas mulheres admiráveis que fazem do homem um movimento ascensional – o que possibilita a superação de sua natural horizontalidade. Mulheres "cheias de graça" são capazes de envergonhar um homem a ponto dele não aceitar a fraqueza; de recusá-la a todo instante ao exercitar as virtudes que o instalam como varão e que o *encorpam* nesse sentido.

O silêncio da mulher; o olhar de quem vê mais possibilidades; a profundidade frente à superficialidade da realização no mundo: são estas as vergonhas que nos põem em atividade pelo reino que sempre quisemos, embora quase nunca confessamos, conquistar.

É o temor do julgamento de Dulcineia que põe Quixote a lutar.

Sabe mais quem sofre

"Quien nunca hubiere sufrido, poco o mucho, no tendria conciencia de si"

Miguel de Unamuno

Será que existe algum tipo de atração pelo sofrimento? Por que não existem livros com histórias de alegria completa, realização do começo ao fim, encontros amorosos felizes, descritos ao longo de todos os gozosos capítulos? Por que é o revés, a dificuldade, a dor, a infidelidade, o motivo dos argumentos mais interessantes, das narrativas mais famosas? Então será a vida mesmo a "arte do encontro, embora haja tanto desencontro"?

Sofrimento parece render boas histórias, muitas horas de terapia, longas conversas entre amigos, letras de música, estrofes de poesia. O mesmo não acontece – pelo menos na mesma proporção – com a alegria, a felicidade, o sucesso. Mesmo quando algo termina bem na ficção (seja um filme, um livro, etc), geralmente é resultado de uma trajetória de dificuldades, buscas, erros e sacrifícios. As mais belas histórias de amor – *Romeu e Julieta, Os noivos, Amor de Perdição*, etc – têm seus finais felizes após algum sofrimento. Se assim não o fosse, não as leríamos, nem escutaríamos com tanto interesse – tente imaginar a famosa história de Shakespeare começando bem, com os dois protagonistas podendo realizar seus sonhos e não encontrando nenhum impedimento externo. No mínimo sem graça, diríamos.

Quem são as pessoas mais fascinantes? As que passaram pela vida como um *bon vivant*, desfrutando da existência como quem tem manjar turco para sobremesa de segunda a domingo? Seriam estas, que não têm outra coisa a nos dizer senão coisas boas sobre a própria vida? Tenho a impressão que não – e corro o risco de dizer que esse tipo de pessoa priva-se, ou é privada, de um aspecto fundamental da vida humana.

Nossa atenção ao que sofre, nossa atração pelas histórias difíceis, nossa preferência pelos testemunhos heróicos (frutos de uma jornada de vitórias sobre grandes obstáculos) parece ser um tipo de correspondência. É como se reconhecêssemos nisso a nossa condição: viver é uma arte difícil, permeada de desencontros e sofrimentos de toda ordem, e as grandes narrativas funcionam como modelos de realização deste que parece ser nosso *script* comum. Não é a mesma coisa que dizer que nascemos *para* sofrer; mas nascemos, sim, com a possibilidade de sofrer e no sofrimento encontrarmos as leis que regem nossa existência.

Estar no mundo é admitir sua contingência – do mundo e da nossa vida individual. Portanto, as biografias mais admiráveis podem ser aquelas que absorvem essa circunstância limitadora e, de alguma forma, a transcendem. Na hierarquia dos tipos de personagens literários, Northrop Frye destaca os míticos como os mais perfeitos. Se pensarmos em Hércules ou Perseu, por exemplo, perceberemos que sua grandeza advém da proporcionalidade de seus feitos, que são conquistas e realizações sobre as dificuldades e trabalhos que lhe foram impostos. Os personagens mais baixos, seguindo a teoria do crítico canadense, são aqueles chamados irônicos: abaixo de si mesmos, das circunstâncias e dos deveres pessoais. Se sofrem, é inconscientemente, pois são incapazes de projetar e pôr em movimento uma biografia de valor, que recuse a paralisia existencial, admita as dificuldades e opere com os fracassos e a incompletude. É a diferença entre Raskolnikov (de *Crime e Castigo*) e Leniza (*A estrela sobe*, de Marques Rebelo). A busca do sucesso pela segunda – que deseja ardentemente ser uma estrela do rádio – é uma fina ironia do seu criador: não é isto a vida humana e a coisa que mais se lhe opõe é justamente essa imagem de palco e aplauso.

Nossa condição é dramática e o sofrimento é uma via de acesso às verdades que podemos reconhecer e testemunhar nesta vida. As delícias, os prazeres, o gozo, quando nos acontecem são como uma espécie de alento ou consolo: servem para nos fortalecer naquilo que realmente nos torna humanos, dá-nos *substância*. Por isso, e neste sentido, é mais humano quem mais sofreu. A recusa do sofrimento (e não estou dizendo que devemos desejá-lo com toda força) é uma negação da própria condição, fruto de uma inversão de perspectiva, desde a qual Marx julgou o paraíso apenas terreal, Nietzsche quis ser um devoto apenas de Dionísio e eu e você confundimos existência com férias.

Já ouvi muitas histórias de alunos que me procuram para ser atendidos (a *bioiatria* que pratico). Digo a vocês: sabe mais de si quem mais sofreu, pois sofrer permite-nos acessar o fundamento da vida, um núcleo composto mais de tensão do que de usufruto. É o que nos faz literalmente *tencionar* nossas vidas para o que importa, vencendo a inércia característica da leniência domingueira. Talvez por isto Deus tenha nos oferecido modelos de sacrifício que, pelo que acreditamos, mereceram os maiores júbilos no céu – a começar pelo próprio Cristo. As marcas no rosto, as cicatrizes pelo corpo, os dramas vividos, os fracassos, em suma, a escuridão solitária pela qual todos passamos, é o que nos distingue, nos torna mais interessantes, nos forja humanos. Doenças, falta de dinheiro, dificuldades em casa, desemprego, etc: tudo é graça se admitida a perspectiva a que me refiro. Tudo é capítulo da aventura humana que perde para poder ganhar.

Falamos daquilo que está morto em nossos corações

As palavras são como partes de um trajeto que conduz uma realidade de um terreno original e singular para um espaço de convivência e confronto. São nossos instrumentos artificiais de revelação daquilo que nos acomete e nos acontece em alguma profundidade – e assim nos ajudam a compor testemunhos da própria vida. Pela ação das palavras o mundo nos conhece em ritmo e som, ao passo que nós mesmos nos ordenamos em figura e cor. Um diário, uma autobiografia, uma confissão dita ou escrita, são maneiras de configurarmos uma imagem do eu que passa a ser nossa representação no mundo que nos capta como ressonância.

Pois a palavra sempre tem som. Sempre reverbera, ainda que na mente de um leitor que a reproduz interiormente enquanto a torna sua. Disto decorre a apreensão que as palavras permitem que os outros tenham de nós seja uma *música*, uma canção mais ou menos direta, mais ou menos melódica. As cordas que vibram com a emissão que o outro faz de si mesmo por meio das palavras são sua entrega, seu modo de apresentação, sua expressão de autenticidade ou repetição; de verdade ou falsificação. A analogia com um instrumento musical bem afinado não poderia ser melhor: cada um sabe da angústia que cultiva em si a fim de soar harmônico ou não.

Mas toda palavra é também uma imagem, objetarão alguns. De fato: a palavra *casa* remete a uma representação que o ouvinte tem dentro de si e que permite a compreensão do que está em tela. Mas o que não se pode negar, a meu ver, é que som precede a imagem; a junção dos fonemas, subjugada às formas da língua, é que torna possível a realização da imagem a que reconhecemos mais ou menos familiar, conforme nossa *extensão* de vocabulário. Até poucos dias atrás, "cardar" não me dizia nada: era apenas um som compreensível, que projetou-se como representação visual no momento em que consultei seu significado no dicionário.

A aprendizagem de uma língua, em seus rudimentos gramaticais, acontece primeiramente pelo reconhecimento dos fonemas (é assim que crianças aprendem verdadeiramente as letras do alfabeto designadas por aqueles sinais desenhados no quadro, ou que passam a fazer separação silábica). A apresentação inicial da língua-mãe nos é oferecida enquanto bebês pelos sons que aqueles que falam conosco emitem. Dos sons passamos à representação imagética e, então, ao significado pessoal (a intransponível subjetivização das palavras).

É inegável que estamos com sérias dificuldades para nos entendermos atualmente. O falatório é constante, a *internet* deu mesmo *voz aos imbecis* (como dizia Umberto Eco) e nunca se provou tão factível a torre de Babel. Diante do que disse até aqui, parece claro que sofremos de uma *surdez coletiva* que afeta nossa apreensão do mundo e de nós mesmos – já não conseguimos *escutar* aquilo que ecoa desde nosso mais recôndito ser, nem perceber aquilo que se proclama em meio às praças públicas da discussão. O mal do nosso tempo não é a falta de inteligência ou a escassez de gênios: é antes disto a insensibilidade auditiva.

Queremos falar. Queremos expressar a todo instante o que se passa no nosso pobre ego, na nossa confusa mente de interesses vãos, no trepidar dos nossos corações apaixonados por política, por religião, por tudo que somos capazes de tratar com a gravidade característica do *homem-massa*. Harold Bloom, parafraseando Nietzsche, diz que "nós encontramos palavras unicamente para aquilo que já está morto nos nossos corações". Tomemos essa frase e pensemos no vilipêndio que muitos fazem ao falar de *Deus, divino, sagrado, milagre, amor, espírito*, etc: só nos restará o sentimento de horror diante de tanta mortandade.

Um dos sinais mais sensíveis da falta de atividade interior é justamente o barulho: os sons desordenados e gritantes que se sobrepõem grosseiramente ao silêncio da natureza, que contínua e incansavelmente faz o seu trabalho. Os espaços de convivência, reais ou virtuais, têm se tornado arenas de competição em que é preciso falar mais e mais alto para sentir-se um vencedor. E uma fina ironia perpassa essa miscelânea: a de que tudo soa como **mais do mesmo**, numa infernal repetição que abafa toda possibilidade de escuta e criação.

Daí que afastar-se, tal como o eremita faz ao querer mergulhar nos insondáveis mistérios que lhe atraem, torne-se uma apetecível resolução. Mas ao mesmo tempo, o *outsider* reconhece aquilo que Payot disse acerca da verdade: que se revela na comunhão dos homens. E esta tensão, entre o ausentar-se e o fazer-se presente no meio de todos que estão na praça, que configura sobremaneira o homem maduro, o intelectual, o escritor.

Este último, ainda carrega vocacionalmente o fardo de ter de dizer sem que ainda esteja morto o que necessita ser dito. Tendo a afirmação de Nietzsche como uma navalha em sua consciência, todo escritor percorre a longa e solitária marcha da *recuperação*do que está quase perdido em meio à gritaria. É seu ofício um meio de salvar do esquecimento aquilo que corre o risco de não ter mais voz entre os falantes. É seu dever projetar os sons que devolvem aos ouvintes atentos a possibilidade de harmonia que lhes restaurará o caminho sempre vivificador entre a realidade e sua pronúncia pela boca ou pelas mãos.

Por isso a literatura é, segundo Fernando Pessoa, um ***esforço para tornar a vida real.*** É nosso artifício para a arquitetura do necessário para a própria sobrevivência, para a garantia de que aquilo que nos constitui e clama por um modo de expressão no mundo tenha meios de realização. Sem ela, sem a poesia que se revela a guardiã da memória, sem vida humana verdadeiramente.

O **verbo** de Deus se fez carne: há no irrompimento deste som todo o segredo da vida em abundância.

Portugueses, brasileiros e os homens sem terremotos

Miguel,

Começo esta carta lamentando a partida de Aurora. Sei que lá se vão três meses de sua morte; entretanto, é a primeira vez que me dirijo a você desde que soubera de sua viuvez, e por isso quero expressar meus profundos sentimentos e meus sinceros votos de que saiba viver este luto que ainda deve estar atormentando o seu espírito. Quem quer que o conheça, caro Miguel, sabe do amor que sentiu pela grande companheira vencida pela depressão.

Deve estar se perguntando se desconheço os reais motivos da morte de sua mulher. Esclareço: sei bem que a causa médica foi o câncer, que se alastrou pelo corpo todo a ponto de comprometer os órgãos vitais. Mas reitero o que disse antes e peço que acolha esta minha perspectiva de amigo: foi primeiro o mal da depressão que a tornou vulnerável, sem energia vital para seguir enfrentando os dias mais difíceis e, consequentemente, os obstáculos da doença que acabou por matá-la.

A depressão é o mal do século, diziam muitos até os anos 2000. Penso que continua sendo a expressão de um profundo desconforto dos homens e mulheres contemporâneos, aparentemente em apuros com a própria existência. Nunca foram consumidos tantos medicamentos contra esta enfermidade e os psiquiatras nunca tiveram seus consultórios tão cheios: tem-se procurado aliviar, de todas as formas possíveis, o sofrimento de quem padece desse mal. A depressão não apenas altera a *química* do cérebro, mas curva o espírito como se dele retirasse a aspiração de viver – sem este impulso vital, a pessoa retrai sua existência, perde o *apetite* das coisas, aceita os termos inferiores do jogo em que transcorre sua biografia. *Inferno*, lembremos, é uma maneira de dizer *inferior*: os depressivos podem ser encarados como aqueles que estão nalgum tipo de inferno existencial. E sua Aurora, se me permite o atrevido diagnóstico, foi uma destas mulheres que não conseguiu salvar a si mesma.

Em 2009, quando estive em Portugal por conta daquele congresso em que falei sobre *As raízes noogênicas do tédio*, pude visitá-lo em Espinho (recorda-se?). Naquela altura, pela primeira vez, você mencionou o estado de Aurora e o fato dela ter iniciado um tratamento com antidepressivos. Você usou palavras como *desânimo, medo, letargia, cansaço, apatia, melancolia,* para descrever o estado de espírito de sua mulher. Também lembro que, no seu julgamento, tudo começara em virtude da crise econômica pela qual o país passava e que era a grande responsável pelo fechamento da loja de brinquedos. Suas palavras mais marcantes foram: "*já ninguém mais em Espinho terá caravelas de madeira para decorar os quartos dos miúdos*". Aquilo, além de me entristecer, me marcou pela força simbólica da frase – afinal, eu estava ouvindo de um homem português que já não haveria caravelas na cidade.

Aurora, que devotava todo o tempo do mundo àquela loja inaugurada tantos anos antes pelos seus pais, sofrera grande revés ao ter de fechar as portas e reconhecer-se falida enquanto comerciante. Bastaram poucos meses para que os primeiros sinais da depressão aparecessem; as primeiras crises, as consultas, o início do tratamento. Pelo que você mesmo me disse antes que eu voltasse para o Brasil, *Aurora parecia ter sido golpeada de forma a impedir que se levantasse novamente*. E eu ainda acrescentei ao seu comentário: *uma mulher de cinquenta anos, sem filhos, sem outra dimensão em que se sentisse realizada, era capaz de pôr-se a perder em definitivo naquela situação.*

E infelizmente foi o que aconteceu, Miguel. Você sabe melhor do que ninguém: Aurora deixou que a depressão tomasse pouco a pouco suas forças até que já não pudesse mais sair da cama pela manhã. Nada tinha sabor, tudo era *mais do mesmo*. Você foi um grande guerreiro e suportou como poucos os anos de tristeza e timidez vital de sua companheira. Quando em 2015 veio à tona o câncer, sua voz embargada disse-me ao telefone: *Pedro, ela ainda teve o disparate de agradecer pelo mal que finalmente a levaria desta vida.*

É tudo muito triste, e não retomo estes fatos gratuitamente. Sabe que não é minha intenção feri-lo ainda mais em relação ao sofrimento que passaram juntos nos últimos anos. Porém, quando decidi escrever esta carta e pensei em nossa amizade transatlântica, senti-me no dever de ser o mais sincero e duramente verdadeiro que eu poderia num momento como este – para seu próprio bem. Não ignoro seu luto, meu caro. Apenas proponho-me, como não poderia deixar de fazer enquanto amigo e filósofo, ajudá-lo a enxergar que sentido pode haver por trás desses fatos e que conhecimento podemos ter sobre nossas vidas – em que pese a gravidade de tudo o que tem passado e de quem eu acredito que você seja.

Eu admiro-o profundamente. Sinto-me honrado pela nossa amizade, pois o considero grande homem, grande literato, grande pensador, grande português. É um tipo de sujeito da mesma estirpe de Camilo Castelo Branco, Ferreira de Castro, Manuel Laranjeira: a vida também pulsa dolorosa e intensamente em suas mãos, e sua escrita é uma expressão fiel dos movimentos de alma que sucedem-se de forma quase violenta dentro de si. Um dia, espero, me dará acesso a seus secretos diários e permitirá que eu os apresente a alguma editora (aqui no Brasil ou em Portugal), a fim de que encontrem o merecido público. Sei que tem se dedicado a eles há mais de quinze anos, e consigo imaginar os grandes pensamentos e *insights* que aí devem estar registrados com o lirismo que é sua marca.

Talvez, agora, a arte seja mais do que amiga: tal como acontecera a Boécio, uma musa consoladora haverá de lhe fazer a visita que anseia. Consigo desenhar a cena em que você está em sua sala, em frente à lareira – e àquela cópia de *The Fighting Temeraire*, pela qual tem preferência dentre todas as telas de Turner – lendo algum artigo de *El Espectador*, de Ortega y Gasset, ou folheando poemas de Pessoa enquanto Alberto Caeiro (poemas que, sabemos, você sabe de cor). O cigarro entre os dedos da mão esquerda; os óculos baixos, quase à ponta do nariz; a mão direita a segurar o livro: a expressão mais comum de gravidade e tensão no olhar ora compenetrado na tarefa, ora distante na reflexão. É assim que o vejo, Miguel.

E por conhecer suas virtudes como homem e intelectual, sua paixão pela arte, sua invejável retidão de ser, é que me sinto um tanto estúpido ao dar-lhe qualquer conselho nesta hora. Mas, como já disse, a amizade que sentimos um pelo outro me impele a escrever e ser o mais fiel ao que percebo e penso quanto ao que aconteceu à Aurora e agora deságua na sua provável solidão e sofrimento. Por isto, e mantendo-me o mais próximo do meu objetivo de início, aproveito esta carta para falar de algo que tenho pensado nos últimos meses e, em alguma medida, ligado à história de vocês dois e de Portugal que respeito profundamente.

Se existe uma característica ímpar ao espírito do intelectual é esta: somos chamados a ver as coisas, mesmo as mais corriqueiras e pessoais, à luz da inteligência e razão, de forma a não apenas padecer dos fatos, mas também interpretá-los – para ganho próprio e de quem mais acesse nossos livros, aulas, publicações. Havendo diferenças naturais e sensíveis entre os homens – como eu e você acreditamos existir – aquilo que faz um pensador, um filósofo ou crítico, é sua capacidade de transcender a própria situação, enxergá-la desde o mais alto ponto, e num processo humilhante e criativo ao mesmo tempo, comunicar a *verdade* descoberta a partir do foro individual que, sendo *verdade*, é válida para a vida de toda gente. Neste sentido, "meu sofrimento" torna-se "nosso", humano. E se queremos responder efetivamente ao chamado que nos foi feito enquanto intelectuais, é preciso fazer esta operação centrífuga em ascese: do núcleo de nossas vidas e subjetividades para as leis que regem os homens e sustentam o significado de toda particularidade.

Para ilustrar o meu ponto, invoco o nome de um dos grandes escritores brasileiros – de quem não estou certo que você conheça ou já tenha lido a respeito: Lima Barreto, autor de *Triste fim de Policarpo Quaresma*, por exemplo. Este romancista e contista do início do século XX teve uma breve carreira, com altos e baixos e pouco reconhecimento enquanto vivo. Para além de ser mulato e pobre, enfrentou outro obstáculo no Rio de Janeiro daquele tempo: era alcoólatra, vício que lhe rendeu internações forçadas no hospício da cidade.

Mas o que isso tem a ver com o papel do intelectual, de que eu falava há pouco? Lima Barreto, mesmo quando tratado como *louco*, renegado pela família e obrigado a se submeter a tratamentos terríveis, nunca permitiu que a consciência lhe faltasse: manteve-se alerta, como deve se manter quem tenha a escrita por vocação ou a beleza por valor. São célebres seus diários sobre o hospital em que ficava, sobre a luta pela lucidez ou a busca por algum sentido em tudo aquilo (ainda que aparentemente não o tenha encontrado, infelizmente). Mas de fato, Miguel, Lima Barreto é um exemplo do que podemos chamar *consciência em alerta*, dever primeiro do intelectual ou pensador, que não tem permissão para justificar, com base nas duras circunstâncias em que possa se encontrar, qualquer possível cochilo vocacional. Viktor Frankl é um modelo de excelência quando se fala em *sofrer e conhecer* – haja vista sua escravidão nos campos nazistas sem que houvesse perda da fidelidade a si mesmo e ao *Sentido* (encarado assim, como ele mesmo tantas vezes mencionou em suas obras, com S maiúsculo).

(Meu amigo, preciso confessar que neste exato momento ouço *Claire de Lune* enquanto digito estas linhas; perdoe-me se as notas do piano transparecerem no ritmo e sonoridade das palavras – é que sou facilmente tomado pela obra de Debussy).

Voltemos ao ponto. Dizia eu que pensadores, sejam artistas ou filósofos, são chamados a transcender suas próprias circunstâncias e a encontrar, na radicalidade de suas experiências, conclusões que sirvam a todos os homens (por analogia). Também disse que o sofrimento ou as dificuldades são matéria de conhecimento de si e da vida humana – e não podem legitimar a letargia ou mesmo a paralisia da atividade do espírito. Portanto, ao intelectual é dado mais um fardo: sua culpa advém da quase permanente constatação da desarmonia existencial frente à grandeza de seu *dever-ser.*

A tarefa é realmente difícil, e muitos foram aqueles que não suportaram as incongruências e tensões que fazem parte da atividade do espírito e podem ser sentidas em todo o seu peso. Se quisermos falar de Portugal, os exemplos são dignos de citação: Camilo, Eça, Manuel Laranjeira. O último, prosador invejável de mente perspicaz e produção ensaística valorosa, é uma vida a ser estudada: seu suicídio após anos de luta pessoal contra alguns dissabores portugueses e as suas noções de fé, metafísica e vida humana que demonstrou ter e defender, é modelar para o que estou tentando dizer a você desde o início desta carta.

Aliás, quando decidi escrevê-la nesta manhã, peguei da prateleira meu exemplar de *Cartas* publicado pela editora *Relógio d'Água* – obra que você me apontou naquela livraria (de nome francês e que agora não me recordo) em Lisboa – contendo uma série de correspondências de Laranjeira com Pedro Bianco, João de Barros, Ramiro Mourão e tantos outros. As mais substanciais e comoventes, no meu julgamento, são as endereçadas a Unamuno, o grande mestre da geração espanhola de 1898. E quanto pesar há nelas, meu caro Miguel! Quanta lucidez e, ao mesmo tempo, tédio existencial; ressentimento, dúvida, morte: a perspectiva de Manuel Laranjeira sobre Portugal e os portugueses, sobre a vida, a esperança e outros temas escatológicos é de fato melancólica. São os livros e as cartas recebidas dos amigos que lhe servem de consolo diante da pequenez e da dureza que julga perceber.

Posso transcrever-lhe o trecho de uma carta, para que leia e saiba por si mesmo o que estou querendo dizer: *"Neste malfadado país, tudo o que é nobre, suicida-se; tudo o que é canalha, triunfa … O nosso mal é uma espécie de cansaço moral, de tédio moral, o cansaço e o tédio de todos os que se fartaram – de crer."* (Enviada a Miguel de Unamuno, a 28 de outubro de 1908).

Estas palavras – e muito mais, aquilo que revelam – fizeram-me recordar de seu amigo, Eduardo Lourenço, a quem você me apresentara naquele jantar no Porto durante o encontro internacional de professores de Filosofia (a segunda e última vez que o vi foi num pequeno evento em Lisboa, em razão de uma palestra que ele proferiu sobre Terrorismo e Crise dos Refugiados). Mas estou tergiversando. Estava a dizer que as palavras de Manuel Laranjeira fizeram-me recordar seus escritos sobre saudade. Num deles, o Prof. Eduardo Lourenço, pleno de lirismo e incrivelmente consciente do que aborda, fala da melancolia como um estado quase permanente da alma portuguesa; como se esta qualidade de revisitação do próprio passado – em que o ressentimento prevalece na tradução da memória – fosse a mais cultivada pelos lusitanos. Some-se a isto o *sentimentalismo* de que fala o próprio Laranjeira ("*povo essencialmente sentimental*"), o fado, os temas de poesia, a "criação" da saudade enquanto tema preferencial: parece-me verossímil argumentar que os portugueses são melancólico-sentimentais.

De fato, meu amigo, há alguma espécie de luto em seus olhares: por alguma razão a melancolia tornou-se lugar-comum, e a passagem dos dias uma monótona brisa que refresca, mas não chega a ser suficiente para movimentar as velas. E talvez esta ausência de grandes tempestades, de grandes venturas, de novos temores e abalos esteja causando esse clima de fim de tarde em que se olha o pôr do sol desde o Cais do Sodré, mas não se comove a ponto de atravessar as águas outra vez. Mesmo as dificuldades econômicas, os altos e baixos da política, os desencaixes em relação à comunidade europeia, são vividos como tropeços cotidianos, coisas que não valem uma verdadeira luta, uma união nacional, um mergulho ativo: os portugueses parecem estar *ensimesmados* em seu tédio existencial, fruto da calmaria de superfície em que se encontram – e que esconde os mais revoltosos movimentos de seu núcleo poderoso.

Que *tumor social* é este, Miguel, de que fala Manuel Laranjeira? Como foi que ele cresceu entre vocês, matando-os não pela metástase orgânica, mas pela aceitação do suicídio como modo de vida?

Entende, meu amigo, que possíveis correspondências podem ser feitas entre a Aurora e Laranjeira, doenças do espírito e morte existencial? Eu sei, sou um brasileiro a falar de um povo tão maduro como o seu. No meu caso, faltam livros que nos expliquem e encontrem os elementos que distingam, com maior clareza possível, a identidade nacional. É o mais dramático e até agora insolúvel problema do Brasil: saber o que é e por que é.

Não me parece ser o mesmo problema de Portugal. Não sinto, na relação com vocês, na literatura que conheço, nas notícias que chegam, na história que estudei, na convivência experimentada quando em Lisboa, Setúbal, Évora, Espinho ou Porto, que a identidade seja seu drama: é justamente por saberem quem são que estão há tanto melancólicos. A *paralisia*, neste caso, é fruto do ressentimento (o passado glorioso x o presente comum). Entre nós brasileiros, a falta de atividade se dá em virtude de um desconhecimento da origem e do destino, de um passado jamais possuído, oculto entre paródias e falsificações ideológicas. Pouco sabemos a nosso respeito, e o mesmo não vale para os irmãos portugueses.

Retomo a questão das doenças do espírito e sua relação – pode chamar-me de metafísico ou acusar-me de pouca ciência, mas não consigo enxergar grandes realidades sem o apelo a grandes lentes – com o tédio existencial ou o "tumor social" percebido em Portugal. Mencionei ainda no início desta carta, que ora já se mostra demasiado longa e quiçá enfadonha, meu trabalho sobre as enfermidades noogênicas (você mesmo leu alguns artigos que escrevi recentemente); em poucas e simplificadoras palavras, as doenças noogências são de origem espiritual e, por isto mesmo, afetam toda a pessoalidade – em sua dimensão individual e depois coletiva. Tomo o conceito emprestado de Viktor

Frankl, que encarou a depressão, associada ao tédio existencial, como uma desordem de fundo noogênico, algo que se passa no núcleo mesmo do *ser*. Assim como existem doenças de origem fisiológica, estudas pela medicina convencional, existem as de causa psíquica e as de causa espiritual. Hoje não tenho dúvidas de que a corrupção brasileira, por exemplo, é deste último tipo (e não me refiro a desvios de dinheiro público, mas ao movimento de alma anterior que faz do ditado "a ocasião faz o ladrão" um enunciado provável no Brasil). E me pergunto, caro Miguel, se a melancolia dos portugueses, seu ressentimento traduzido em paralisia de vida, ausência de projetos audaciosos, movimento e conquistas de novos horizontes, não seria, também, uma enfermidade espiritual, um mal de fundo noogênico.

Sua expressão mais superficial seria justamente a depressão clínica, contida em consultórios e pelo uso de medicamentos. Você conhece os dados melhor do que eu, obviamente: Portugal é o país da Europa com taxa de depressão mais elevada (quase 10% da população). A cada oito horas, morre um português por suicídio. Um terço dos enfermos não busca tratamento; no mundo, apenas os Estados Unidos têm mais depressivos (proporcionalmente falando) do que seu país.

"Quando penso que sobre nós pesa a herança trágica, secular, duma ignorância podre e duma corrupção criminosa, o meu espírito enegrece e sinto-me adentrado dum pavor indizível, talvez absurdo. ***E, mais que saber se vamos para a vida ou para a morte, me preocupa saber se morreremos nobre ou miseravelmente****"*. Nova citação da carta de Laranjeira a Unamuno (peço desculpa pelos grifos).

Tanto a vocês, irmãos de Camões e Herculano, como a nós, estrangeiros, espantam os números acima e a *visão pessimista*, como a de Manuel Laranjeira. Recorro aqui ao que percebera Miguel de Unamuno sobre a sociedade portuguesa e estes mesmos temas que tentei expor com alguma ordenação nesta carta. "*Portugal é um povo triste – e é-o mesmo quando sorri. A sua literatura, incluindo a sua literatura cômica e jocosa, é uma literatura triste*" (afirmação que anotei em meu caderno de apontamentos; retirei-a de uma edição de "Os portugueses, um povo suicida").

Eu não posso, como filósofo, encarar o que já podemos chamar de *evidências do caráter* de outra forma: há uma profunda raiz espiritual nestes males que atormentam o também corajoso, bravo e feroz povo português. E por não terem identificado corretamente a causa – ao que me consta -, talvez não tenham conseguido remediar adequadamente seu estado até agora. Os sintomas, segundo a literatura, as autobiografias, as cartas e os documentos, recrudesceram a partir do último quarto do século XIX, tendo grande expressividade ao longo do XX. E volto a dizer: não foram, pelo que se percebe hoje, investigados nestes termos, noogênicos – única perspectiva que me parece poder resultar numa "cura" ou salvação de si mesmo.

Mas como acontece a toda doença de fundo noogênico, a melancolia-sentimental que entedia e paralisa o português não terá fácil abordagem e purgação: o espírito é sanado pela luz direta que contempla. Quanto maior a luz lançada sobre si mesmo, maior a possibilidade de reconhecimento dos próprios recônditos interiores – donde se instalam as heresias, as mentiras, as falsificações de trajetória, as justificativas para o esquecimento do propósito vital. A atividade do espírito é marcada pela claridade e, sendo assim, tudo que a dificulta, avilta ou desvia é associado à escuridão e às trevas – logo, evocamos a inteligência, que também tem como símbolos a luz, o Sol, o raio de Zeus, o fogo, etc. Portanto, a todos os povos é necessária uma nesga contínua de luz, sem a qual ficam como a terra sem calor: nada cresce, tudo apodrece.

Portugueses, brasileiros, ingleses ou indianos devem ardentemente desejar esta luz que torna visível o mais obscuro elemento de suas realidades. Dependemos disso, enquanto homens e povos. Necessitamos saber o que somos, e isto inclui tocar nossas fraquezas, baixezas e vícios. Havendo abertura, o raio de luz é capaz de penetrar profundamente e projetar-se sobre todo o ambiente a que chamamos vida individual ou social. O gosto agridoce resultado dessa exposição à luz que irradia – por extensão de sentindo, a do saber sobre si – é preferível à ignorância com a qual encerra-se o subconsciente em sua condição soturna, disforme e de sentido inalcançável pelo sujeito. Em nenhuma cultura as sombras e a escuridão – portanto, o desconhecimento – são encaradas como símbolos naturais da cognição e da razão. Daí minha insistência neste ponto: que os portugueses vejam; que não lhes seja negada nenhuma lente de tomada de consciência da verdade e daquilo que lhes é oferecido como destino.

Mas Miguel, meu caro amigo, não é simples a tarefa. É preciso ressaltar a dureza do português – sobre o qual já vi você mesmo tratar em aulas e artigos publicados na imprensa estrangeira. Há uma aspereza no seu modo de ser, na forma de servir, no tratamento comum, na convivência sem lirismo. Nas palavras de Unamuno, *"a brandura portuguesa está só à superfície; raspai-a e encontrareis uma violência plebeia que chegará a meter-vos medo... a brandura é uma máscara"*.

Perfeitamente compreensível. O mesmo povo que construiu cidades e países em tão distantes terras, que atacou os inimigos internos e externos, que desbravou os mares e chamou a uma parte considerável do mundo de "português" não poderia ser frágil; doce, suave ou curvilíneo. É uma questão de lógica: lusitanos foram forjados para a aventura e desventura, para os trabalhos considerados impossíveis e as conquistas ditas irracionais. Quem seria capaz de fazer nascer algo como o Brasil, senão um povo de força e retidão? De alguma maneira, dureza?

Aqueles homens que entravam nas caravelas para contornar tormentosos cabos, negociar com violentos líderes tribais, iniciar uma feitoria, enfrentar feras e povos pouco amistosos, não eram *plásticos*, suaves como os cantos das crianças ou dóceis como os cães de raça. Era necessário que fossem fortes e rígidos, regimentais, burocráticos, uníssonos. Daí a aspereza, que ocupa a alma onde não houver grandes domínios da sensibilidade, da escala cromática das emoções e intenções.

É lá ou cá. Para vocês, é a obrigação ou o gozo. Não há intermédios: da rudeza para a divinização, ponto máximo onde o português médio cultiva a arte, vai à missa e celebra seus ritos. A religiosidade que marca sua história tem sentido dentro dessa perspectiva que reforço nesta abordagem: é um povo com abertura para a eternidade, mas sem degraus entre a brutalidade do prosaísmo e o lirismo das delícias espirituais. Entre segunda-feira e sábado, impera a força do dever e do rigor, do "ter de fazer", "ter de cumprir", "ter de obedecer"; e no domingo, ou no dia que reconheça como fora deste ciclo de obrigações civis e sociais, busca logo a mais alta realização, a mais sublime *performance* do ser que pretende e que não se imiscui na prodigalidade das leis, dos decretos e dos carimbos do notário. São mundos diferentes, avaliam.

Mas note, Miguel, que até mesmo no exercício da fé são seus compatriotas oficiosos. Nas artes, como na música, também não há *meio termo*: o fado é o extremo de uma corda de sentimentos e pesares, e sendo ele uma das maiores expressões do que podemos entender por *canção tradicional portuguesa*, ajuda-nos a perceber que a escala de notas da alma portuguesa é abrupta, de uma oitava à outra sem concessões para a delicadeza do semitom.

Miguel, penso que seja preciso o acontecimento de alguns *terremotos íntimos*: que esse tédio que paralisa o povo há mais de um século sofra uma espécie de abalo e seja demovido. As catástrofes, como um terremoto ou um incêndio (Lisboa e Londres, por exemplo), têm também uma função. Apesar da morte ou perda que geram e da destruição que causam, forçam o nascimento da novidade, simbolizada nas construções e reorganizações empreendidas em seguida aos fatos trágicos. No plano existencial também pode ser assim: os abalos e provocações podem vir a pôr os homens e mulheres em movimento, saindo do estado de paralisia e instalando-os numa circunstância projetiva – na qual a vida é encarada como antecipação de si mesma, trabalho poético de imaginação e consequente auto-realização.

Enfim, começo a me despedir. Ultrapassei todos os limites do aceitável para uma carta amiga de condolências. Mas o fato é que ela acabou se tornando mais do que isso, e minhas características pessoais sobressaíram ao transformar a intenção original da escrita numa espécie de apologia da reflexão – espero ser bem recebido por você, e que o "uso" que fiz da morte de Aurora não seja mal interpretado. Se estou certo, o Miguel sempre olhará para este pretenso filósofo paulista, solteiro e sem filhos, de forma compassiva e bondosa, como que procurando o melhor das minhas atitudes e palavras. Reforço os votos de que assim continue, meu caro.

Aurora pode ter sucumbido às armadilhas da melancolia portuguesa e à consequente paralisia que tomo por doença espiritual. A depressão mostrou suas garras, limitou-lhe a ação e a coragem e tornou-a suscetível a outros males de menor grau hierárquico, como é o câncer quando comparado às enfermidades noogênicas (a hierarquia das desordens pessoais é uma alusão que faço à Homeopatia que venho estudando desde aquele livro do Vithouklas que li na viagem a Copenhague, em companhia de Assis e Saraiva, ambos seus colegas professores, um de formação literária, outro historiador profissional – oportunidade que rendeu conversas interessantíssimas sobre cultura e salvacionismo). Ainda narrarei parte desses diálogos para você, Miguel, quando nos reencontrarmos.

Quando será?

Não sei se eu irei a Portugal primeiro, ou se você virá ao Brasil visitar seus parentes (creio que seus tios ainda estejam vivos, morando em Recife, certo?). De qualquer forma, é importante que nos encontremos, que nos saudemos como bons amigos que somos; que então eu possa ouvi-lo falar mais claramente de si e da vida sem Aurora, das adaptações necessárias, dos desafios que se avolumam e de como deve estar a enfrentá-los.

Eu desejo a você o que desejo ao Portugal que considero minha segunda pátria: que os terremotos lhe tragam mais força.

Do amigo,

Pedro Afonso.

São Paulo, 13 de maio de 2017.

Demos graças pelas pessoas leves

É certo que a vida assemelha-se a um campo de batalha onde nem mesmo os soldados feridos podem descansar. Há dificuldades inerentes e artificiais, dor e enfermidades, angústia e perda, contingência e morte. Quem tenha saído daquela adolescência existencial – coisa nem sempre condizente com a idade -, sabe o suficiente para não mais cultivar ilusões sobre uma realidade que, em si mesma, é incompatível com delícias sem limites e clima de festa dionisíaca permanente. Portanto, assumida a perspectiva de que viver é mesmo um ato de fé no sentido último das lutas que aqui travamos, resta, a meu ver, encontrar a maneira possível de o fazê-lo sem que nos tornemos amargos, neuróticos ou pessimistas, incapazes de reconhecer neste mesmo lugar de desconcertos aquela parte – aquela pequena e imprescindível parte do mundo – em que uma fonte sacia nossa sede e abranda todo o sofrimento.

Eu acredito que existem pessoas que encontram essa fonte com mais facilidade do que outras. Tenho conhecido algumas, para minha felicidade. São homens e mulheres de presença leve, verdadeiros artífices na absorção das circunstâncias existenciais – sejam elas quais forem. Geralmente não resistem às imposições da vida, não maldizem a própria sorte e são incrivelmente maleáveis, o que lhes permite ***estar*** sem impor. Uma das características mais admiráveis, ainda, é sua ingenuidade, pois as pessoas leves fogem à tentação de Faetonte, que ao querer dirigir a carruagem do deus Hélio pôs fogo em toda a Terra. Em outras palavras, não corrompem nem pervertem aquilo que se lhes apresenta: tomam as coisas pelo que elas são e alegram-se pelos mínimos dons recebidos.

As pessoas de vida amarga, dura e pesada, acrescem camadas de escuridão ao já dramático ato de viver. Andam como se de mal com este mundo, inventando desculpas para manter seus ciclos viciados de melancolia e mágoa, desconfiadas de toda a gente e sem qualquer lirismo sobre a convivência e o próprio destino. Numa reunião de família ou de amigos, são aqueles sujeitos de quem devemos nos prevenir, cuidando com o que falamos para não ofender ou despertar seu ressentimento geral. Na sua presença, a vida se enche de regras e monotonia, e por estarem dentro dessas gaiolas a que um dia aceitaram como suas, não suportam a hipótese de um dia sucumbirem: daí sua insistência na atitude impermeável, às vezes grosseira e cansativa, que os protege enquanto estátuas.

O melhor que pode acontecer a alguém que golpeia a si mesmo no campo de batalha é ser ferido por outro: um tipo de ataque que ponha em risco seu mundo e questione suas bases; algo tão intimidador e verdadeiro que obrigue o pedido de socorro – a maca e o hospital em que às vezes deitamos para sobreviver. É a comunhão entre os homens, nas palavras de Roger Scruton, o rosto de Deus: a imagem a que cada um pode contemplar neste vale de lágrimas e, apenas por esta razão, provar algo de uma vida em abundância.

As pessoas leves conduzem suas existências como se tudo fosse realmente graça, e por isso não desperdiçam um encontro, um banquete, uma caridade – nem uma doença, um fracasso ou uma fome. Sabem que sua fortaleza nasce justamente de uma perspectiva mendicante e vadia: uma confissão diária (e jamais revoltada) de que esta batalha sempre esteve perdida.

Do nada, nada vem

O homem é formalmente invariante. Toda e qualquer mutação ou transformação não acontece na forma, mas dela emerge, confirmando a forma. Assim em toda a natureza: as mudanças numa macieira podem levá-la a secar, a dar mais frutos, a crescer ou curvar, mas em nenhuma hipótese a dar pêssegos.

No nosso caso, as variações são nos níveis físico e psíquico (somados a outros fatores, existencial). As mutações, diria Mário Ferreira dos Santos, "se dão no âmbito da forma". Do contrário – se fosse a forma também passível de mudança, haveria corrupção da forma anterior e uma nova seria informada ao ser em questão. O homem, se sofresse alteração na sua hominalidade seria outra coisa, não mais um homem. Portanto, e para tornar o mais claro possível, todas aquelas mudanças a que me refiro são possíveis, apenas, dentro de um quadro de possibilidades que a forma contém.

"Ação segue-se ao agente", ou, do nada, nada vem. Guarde isto. De verdade.

Quando aplicados os conceitos expostos à antropologia filosófica temos isto: nenhum de nós pode fazer ou ser aquilo a que não está, de alguma maneira, destinado a fazer e ser. Dentro da forma de Tiago existem muitas possibilidades, mas não aquela de gerar um filho; noutro sentido, também é impossível ao Tiago trabalhar na Bolsa de Valores, fazer contas complexas (as simples já me atormentam), ser Presidente dos EUA (sem trapacear, claro), e por aí afora. A minha forma, invariável na perspectiva aristotélica (explicada por Mário Ferreira) tem a sina de me dizer o "até onde": qual o limite da minha vida e, consequentemente, realizações e variações existenciais a que posso me submeter e ser submetido.

Volto a dizer: a ação segue-se ao agente. Aquilo que não posso, que não tenho, que não trago comigo, não emerge nem se concretiza em minha vida. Toda tentativa de forçar a natureza – portanto, deformar a mesma natureza – terá a consequência da farsa, do conto mal contado, da ilusão biográfica (a depender do grau de comprometimento e deformidade).

Vivemos um tempo de soberba no qual todos "podem tudo"; cada um quer ser "todos". Sem perceber os limites inerentes à condição humana e as fronteiras intransponíveis da individualidade, os homens de agora não têm forma: pelo menos não existencialmente. Há coisas que não são minhas, não me dizem respeito e quando as faço sou caricato, insuficiente, quiçá ridículo. Como Duvivier "sendo" filósofo, Dilma "sendo" estadista, Paulo Coelho "sendo" escritor, aquele sujeito chato e ignorante "sendo" analista *facebookiano.*

Essas pessoas, insistentes, não percebem que "do nada, nada vem". Constroem castelinhos de areia e investem tempo, dinheiro e energia naquilo que extrapola suas formas (invariáveis, para seu desespero). Pretendem alterar o triângulo para um quadrado e ainda parecer o mesmo. E por isso suas ações são tão estranhas, por vezes bizarras: porque deformadas, corruptas, infiéis.

Você sabe quando está diante de alguém assim (ou, se for o caso, de si mesmo): tem aquele cheiro de "hummm, sei não". Talvez não fosse esta a instalação do sujeito (ou sua).

"Torna-te aquilo que és". Toda mudança e alteração, desejáveis na realidade dramática que somos, deve servir apenas para confirmar a forma, a origem, o destino biográfico que, fielmente vivido, revelará o fim.

O fim que não angustia. Aquele, do nascimento – donde *algo* provém.

Quem tem poder sobre você?

Nas relações humanas impera uma lei não muito clara: há níveis de interferência pessoal, graduada segundo a disposição do outro e a minha suscetibilidade à sua presença. Em outras palavras, de todas as pessoas que existem no mundo e que de alguma forma eu encontro, há desde aquelas que pouco me importam até as que são radicalmente importantes para mim. Entre a moça da padaria – a quem apenas dou boa tarde – e a minha mãe existe uma grande diferença, perceptível pelo comprometimento da relação e o confessado poder que esta exerce sobre mim.

Sim, as pessoas que mais me interessam têm algum poder sobre mim. Elas são importantes justamente porque – saiba disso ou não – possuem alguma força que me torna uma espécie de espectador atento; são, para aludir aos conceitos que sempre abordo em minhas aulas, substâncias por quem me altero. Para bem ou para mal, psicológica, existencial ou espiritualmente, estas vidas me dizem respeito e um dos maiores sintomas de seu poder sobre mim é o fato de falar sobre elas.

Vejam como a "coisa" funciona em alguns exemplos práticos: por que aquilo que ele faz me incomoda tanto? Por que tudo o que ela diz parece ser dirigido a mim? Qual a razão de suas publicações no *facebook* me interessarem sobremaneira? Por que preciso depreciar o que ele diz ou saber onde ela vai? E com quem?

Quem quer que já tenha se apaixonado uma vez na vida entende o que estou falando. A presença – e até mesmo ausência – do outro me altera; fala diretamente comigo e por isso mesmo não há outra saída senão confessar seu poder. Seja porque eu o odeio, seja porque eu queria ser como ele quando crescer, o fato é que estou sujeito à sua força. É humilhante, mas revelador da minha personalidade – e de meu inventário de crenças, limites e inclinações – poder dizer por quem dobro meus joelhos, ainda que para lançar sobre ele toda a minha raiva. Trocando em miúdos: goste ou não, tenho meus senhores, a quem posso xingar ou abençoar pela simples existência.

A interferência pessoal é grande quando de alguém se fala muito ou se evita a todo custo falar; quando se busca freneticamente menosprezar ou imitar; quando se perde a naturalidade estando em sua presença, ou quando se importa com cada pequena coisa que faz, diz ou ensina.

A pergunta que devemos fazer, diante dos senhores que atualizam em nós algum tipo de passividade, é esta: quem é este que está a menosprezar tanto? Quem é este que elogia exageradamente? Ou que paralisa diante da presença?

Mais uma vez, os outros também são matéria de conhecimento de si; de posse da própria vida e suas direções.

E para que não digam que esqueci do amor, arremato (convidando para o curso que inicia esta semana): diria Tolstoi que **amamos quando somos felizes pelo poder que o outro tem sobre nós.**

Lolita

"Que meu romance contém diversas alusões aos impulsos fisiológicos de um anormal, isso é verdade. Mas, afinal de contas, não somos crianças, nem delinquentes juvenis e analfabetos, nem frequentamos aquelas escolas inglesas onde os alunos, após uma noite de folguedos homossexuais, são paradoxalmente obrigados a ler os clássicos em versões expurgadas".

Vladimir Nabokov

Se é verdade que nos aproximamos dos livros com alguma disposição – para gostar, odiar, criticar, se emocionar –, com *Lolita*, de Vladimir Nabokov, não é diferente: todos sabemos o que pensamos antes de ler a primeira página daquela que é considerada uma das maiores obras do século XX e que narra a obsessão de um homem por uma menina de doze anos. Desde as suas primeiras dificuldades para publicação, *Lolita* tem sido um excelente instrumento de prova e análise desta disposição do leitor: o que pensa da história antes de verdadeiramente conhecê-la, e o que sobrevive ou se transforma após a experiência estética da leitura.

Não se trata de captar as "intenções do autor". Estas, segundo Nabokov, não importam. Devemos nos ater ao que "está lá", no fundo da experiência estética proporcionada, em primeira instância, pela maestria do escritor. Aplicando de forma metódica o conselho, deixar que a obra "fale por si", ao mesmo tempo em que se perceba, conscientemente, a acomodação da experiência da leitura e seu importe vital imagéticos – pois é disto que se trata conhecer: alterar a própria alma pela adição de novas imagens que ficam à disposição do sujeito naquilo que chamamos *memória.*

O que estou tentando dizer é que a disposição – para ler *Lolita* ou ir à praia – está ligada aos objetos de desejo do eu que, para serem desejados, precisam apresentar-se como imagem. São as imagens que atraem ou repelem a atividade. No caso da obra em questão, é comum o leitor se aproximar da história com a disposição moralista (afinal, pensa, é sobre pedofilia). E isto não poderia ser mais inibidor da leitura do grande romance de Nabokov: ainda que chegue ao final do livro, é bem possível que com esta perspectiva ele não consiga deixar que "aquilo que está lá" se revele. E no caso de *Lolita,* isto é previsto pelo escritor. Já no prefácio fictício do "doutor em filosofia" John Ray notamos o "tom moralista" do revisor do manuscrito que está sendo apresentado. Não deixa de ser uma fina ironia de Nabokov, que sabendo da disposição de muitos de seus futuros leitores, deu voz a seus pudicos pensamentos nas primeiras páginas da obra. *"Todavia, mais importante do que sua relevância científica ou valor literário é o impacto ético que o livro deve exercer sobre o leitor sério, pois nessa dolorosa trajetória pessoal transparece uma lição de cunho genérico: a criança desobediente, a mãe egotista, o maníaco ofegante não são apenas personagens de um drama excepcional. Eles nos advertem sobre tendências perigosas, apontam para gravíssimos males.*

Lolita deveria fazer com que todos nós – pais, educadores, assistentes sociais – nos empenhássemos com diligência e visão ainda maiores na tarefa de criar uma geração melhor num mundo mais seguro".

Quero demonstrar que é possível amar a obra sem amar Humbert Humbert. Sem que nossa "moral" seja corrompida ou nossa decência degradada. E amá-la pelo que ela nos revela e acrescenta acerca da vida humana e, mais propriamente, a minha.

II

Vladimir Nabokov conta, no posfácio de 1956, qual a origem da palpitação para compor *Lolita: "Tanto quando me recordo, o frêmito inicial de inspiração foi de alguma forma provocado por certo artigo de imprensa sobre um macaco no Jardin des Plantes, o qual, após ser persuadido durante meses por um cientista, enfim produziu o primeiro desenho feito por um animal: nele só apareciam as grades da jaula da pobre criatura. Esse impulso não tinha nenhuma conexão textual com a linha de pensamento por ele suscitada, da qual resultou, entretanto, o protótipo de Lolita, um conto de cerca de trinta páginas"*.

Talvez as divergências históricas em relação ao que está em Lolita sejam frutos, também, de uma incompreensão de seu frêmito gerador. O próprio autor não nos ajuda, deixando claro não haver conexão textual entre o artigo lido em Paris, em 1939, e o livro. Porém, alguma conexão existe, pois *Lolita* é a prova de que algo da vida foi "informado" a seu autor no momento em que ele leu sobre o macaco e seu desenho. O que seria?

Vamos ao livro. Nosso narrador é um homem maduro, réu de um processo criminal e psiquicamente doente. Por diversas vezes dirige-se a nós como "juízes": sua narrativa é uma espécie de defesa. Não apenas isto; é também uma imagem parcial do que acontecera. Em nenhum momento escutamos a voz de Lolita, ou de sua mãe. Tudo – absolutamente tudo – que sabemos é por meio da interpretação do réu louco, Humbert Humbert (professor aficionado às meninas por ele consideradas ninfetas). Portanto, nossa visão dos fatos é a visão do pedófilo – e aqui reside o fato de que jamais Nabokov poderá ser confundido com um apaixonado por meninas: não é ele, o escritor, quem faz a veemente defesa das relações sexuais imorais, mas o personagem que – *ora bolas!* – esquecemos se tratar de um doente. O que seria mais fácil para um autor: compor uma obra em que ficasse evidente a crítica à pedofilia, por meio de um narrador observador ou personagem admiravelmente ético ou, como faz o criador de *Lolita*, escrever uma história em que apenas o louco tem voz e todos os seus mecanismos internos tornam-se evidentes?

Humbert ficara dois anos internado (algo para o qual ele dá a mínima importância). O mesmo narrador-personagem descreve o tipo de "demônio" que ele reconhece como ninfeta, o quanto a perversão tomava conta de seus desejos, a sua falta de atração por mulheres maduras, a sua manipulação dos corpos femininos (dando pílulas de sono, por exemplo), a sua falta de escrúpulos em viajar pelo país fazendo sexo em diferentes hotéis com a menina de doze anos que lhe chamava de "pai". *"Lolita, luz de minha vida, labareda em minha carne. Minha alma, minha lama. Lo-li-ta: a ponta da língua descendo em três saltos pelo céu da boca para tropeçar de leve, no terceiro, contra os dentes. Lo-li-ta".*

Em poucas palavras, Humbert é um pedófilo romântico: justifica interiormente suas ações por meio de um "bom sentimento", uma paixão sincera, diria. Para doentes como este qualquer coisa que a menina faça será interpretada de forma a corroborar seus desejos e intenções. "Fora do olhar maníaco do senhor Humbert não há ninfeta", destacou Vladimir Nabokov em uma entrevista. Ou seja: a obra é irônica e não devemos levar o narrador-personagem a sério. Jamais. Nem mesmo quando ele tem um relâmpago de arrependimento – por ter destruído a infância de Lolita: ele cometerá um homicídio contra aquele que, em seu juízo, o impediu de redimir-se (admirável, não?).

Mas a obra de Nabokov não é uma condenação subliminar à pedofilia (isto pode ser considerado um efeito secundário da leitura). Seu importe vital – aquele, nascido da palpitação causada pela leitura do artigo sobre o macaco desenhista – não poderia ser um conteúdo moral. O próprio autor deixa isso claro: *"Há boas almas que considerarão Lolita irrelevante porque não lhes ensina nada. Não escrevo nem leio obras de ficção com fins didáticos, e, a despeito da afirmação de John Ray, Lolita não traz nenhuma moral a reboque"*. Portanto, não é disso que se trata a obra.

O que fez o macaco quando impelido pelo cientista? Desenhou as grades de sua jaula. As grades. As grades, senhoras e senhores.

Quem é Humbert Humbert? Por que esta duplicação no nome? Talvez porque seja necessário frisar a repetição. Duas vezes, a mesma coisa. De novo, de novo, de novo uma ninfeta, uma atração por menina, um desejo sexual por um ser que só deveria inspirar pureza. Tal qual uma prisão interior, o narrador-personagem vê tudo através destas grades doentias. Não enxerga nada além disso. Não consegue romper com a repetição, a inclinação abjeta que o escraviza. É um homem vazio que tem uma falsa compreensão de si mesmo (acha-se um homem bonito, irresistível, mas não é isso que a maioria das mulheres vê, como notamos na leitura do romance). Lolita mesmo resiste. Depois de possuída, tenta fugir diversas vezes e acaba fazendo sexo por dinheiro (o que diz mais sobre ele do que sobre ela, no caso).

Por mais que tente se defender, Humbert Humbert não pode nos persuadir de sua bondade e intenção. Para todos os efeitos, em qualquer circunstância que adotemos, ele é um impotente; doente até o último recôndito de sua alma.

Compreendem que neste sentido todas as suas disposições estão, de antemão, viciadas? A vida é vista desde uma diminuída e perversa perspectiva? Qual o tamanho da ironia de que este mesmo homem seja professor de literatura, arte-educativa das disposições?

No fundo, a obra de Nabokov me parece mais um de seus testemunhos em prol do indivíduo, da verdade modulada pela autoria, do gozo da confissão da vida como ela é: intensa, complexa, abrangente. Sou eu quem deve continuamente observar a si mesmo e a vida no intuito de alargar a própria visão. Talvez seja este o impulso que movera o autor de *Lolita*: a percepção das grades, e de que nossas disposições sempre correm o risco de ser enjauladas.

Cada um está onde quer estar

Hoje dei palestra numa fundação para meninos aqui da região de Curitiba. Lá vivem crianças e adolescentes que cometeram algum tipo de delito (ou vários) e que não têm outro lugar que os acolha. São sessenta assistidos que, além de ir para escola, têm de frequentar alguns cursos no contraturno; também recebem orientação psicológica e espiritual. Hoje era uma espécie de "dia da família" e fui convidado para falar não só para estes meninos como também para seus pais, irmãos etc.

Eu poderia escrever um texto sobre culpabilidade agora. Ou, quem sabe, alguma reflexão acerca da violência, da pobreza e dos elementos que levam meninos de nove anos a entrar para o tráfico. Mas, sinceramente, creio que saibamos dessas e de tantas outras realidades ditas *sociais*. Números estão por aí, em páginas oficiais, centros de pesquisa e trabalhos universitários. Ciente disso, não serei aquele a repetir os dados como um profeta do fato acontecido.

O que realmente salta aos olhos, e que condiz com a antropologia filosófica muito mais do que com a sociologia, é a *gravidade da vida*. Mais: a necessária consciência de destino e da estrutura *fatalista* da realidade. Pois, é preciso lembrar, aquilo que fazemos não ***desacontece***. Por mais redimidos ou reeducados que estejamos – e que firmemente nos coloquemos contra aquilo que um dia praticamos e hoje reconhecemos como mal – nada, absolutamente nada, fará apagar do tempo nossas ações. A história pessoal é um fatalismo em relação ao passado, já que nenhum homem ou mulher pode reordenar as sucessões biográficas que o trouxeram até o presente. Se males foram cometidos, escritos eles estão.

Essa impossibilidade a que me referi – a de refazer a trajetória, apagando fatos como num transe hipnótico – é uma das características da vida humana que conferem gravidade, dor e inexorabilidade às nossas vidas. Basta você pensar um pouco, com certa profundidade, e notará que seu próximo ato irá se inscrever na sucessão de atos pessoais e, por conexão, na dos coletivos também, compondo o que chamamos de história (humana, brasileira, individual, etc). Assim, a prudência, reflexão e boa intenção destacam-se como práticas desejáveis entre aqueles que não querem fazer de suas vidas um lamento repetitivo, do tipo *"eu não queria ter feito"*...

Cada um dos meninos que hoje conheci, e respeitadas suas individualidades, está exatamente no ponto de sua trajetória pessoal que poderia estar: suas ações o levaram até ali, neste lugar a que, com maior ou menor consciência, cada um quis chegar. É esta outra característica do tempo: a de "respeitar" nossas escolhas, sendo continente para nossos conteúdos eleitos. Talvez uma das piores constatações da infelicidade seja justamente esta: perceber-se no ponto biográfico que escolhera estar. O fatalismo não poupa aqueles meninos; nem a mim, nem a você.

Mas a mesma história – com toda essa carga de gravidade – é vivida em duas dimensões simultaneamente: na temporal, de que nos ocupamos até aqui, e na eterna. Na eternidade todos os fatos são integrados sob outra lógica – que não a fatalista apenas: a da sabedoria Divina, que governa o mundo desde o pré-tempo até o Juízo Final. É por confiarmos nesta outra lógica – que não exclui a primeira, mas a contém – que seguimos nossas vidas de maneira esperançosa: pedimos que todos os atos, mesmo os piores, sirvam a um propósito que não compreendemos completamente, mas que podemos intuir se nos propusermos a tal. A literatura, o cinema e a arte em geral já nos legaram milhares de exemplos desta *bidimensionalidade vital*, e pelo menos desde Santo Agostinho estamos um pouco mais conscientes de que nossas trajetórias não podem ser desfeitas em nada, mas que a graça e o sentido que operam desde "fora do tempo" nos reafirmam como personagens de uma história de salvação.

Contei abreviadamente àqueles meninos a vida de São Dimas, o "bom ladrão". E disse que sua santidade só foi possível por dois motivos: porque o Senhor a concedeu, e porque aquele homem entregou toda a sua trajetória fatalmente vivida às forças de um **novo tempo**. Um tempo que não leve apenas o passado, mas principalmente o futuro em consideração.

Quadro de referências

Quando aquilo que é suposto defender a ordem social revela-se como um dos grandes agentes de instabilidade da vida coletiva, então é preciso rever nosso inventário de crenças. Sejamos sinceros, é o que se passa com as *instituições* democráticas da nossa República. Toda essa história de corrupção sistêmica, de trocas de governos, quedas de presidentes, relações questionáveis entre os poderes, venda de votos parlamentares, comércio de planos entre a esfera pública e privada, expurga-nos a fé que um dia, em alguma medida, destinamos às coisas da democracia.

"É um incrédulo", poderá o leitor pensar deste escriba. Ou *um sem esperança*, dirão outros. Não sei se os diagnósticos acertam, mas confesso que se alguma fé me resta, algum fio de otimismo em relação ao nosso povo, certamente não os dirijo às instituições ou aos seus representantes. Se a Literatura nos ensina, e projeta vidas possíveis, é preciso alertarmo-nos quanto aos perigos dos ufanismos sentimentais, dos *Policarpos Quaresmas* a nos espreitarem como modelo e guião de nossas posturas. Meus compatriotas hão de concordar que a afetividade exacerbada, a lógica às avessas que parece permear todas as conjunturas de nossa história – levando-nos às análises emotivas que muitas vezes fazemos de nossas doenças e dramas -, não nos trouxeram a uma circunstância de sucesso. O leitor sabe o que estou a dizer: ser brasileiro, com muito orgulho, não produziu coisa que o valha.

Nesse momento de incertezas políticas e dificuldades econômicas, cidadãos podem estar em seus lares, assistindo às revelações de mais uma operação da polícia federal, ou a um acordo do Ministério Público, e pensando: *são todos uns bandidos*. Chamo a atenção para esta afirmação – pouco científica, eu sei – que tenho certeza nossos pais, mães, vizinhos e colegas estão a dizer em suas salas, cozinhas e auditórios (quem saberá se isto tudo não está afetando também os quartos?), entre lampejos de indignação e um vociferar de nomes e alcunhas. Entre todas as incertezas, parece-me certa a maledicência de toda gente e o descrédito geral em que caíram os políticos e suas instituições. E para não dizerem que estou inflamando revoluções com base na desesperança, passo a sugerir o que realmente penso ser a única salvação para quem, como nós, debate-se na areia movediça dos acontecimentos políticos.

Tenho comigo que uma decisão bem ponderada leva em conta elementos que não se reduzem à transitoriedade da vida. Eis uma das capitais diferenças entre agir com base num valor ou num sentimento (ou calor do momento): quando tomados pelas reações físico-químicas que nos acontecem ao ler notícias sobre desvios de dinheiro, ou a ver postagens de redes sociais a defender aquilo que rechaçamos politicamente, é provável que nossas atitudes ou discursos sejam por demais aflitivos. Em outras palavras, as contendas suscitadas no convívio social, resultado do estado de coisas que provamos nesta fase nacional, correm o sério risco de criar inimizades desnecessárias, turvar nossa percepção dos fatos, golpear a fundo o centro de nossa estabilidade individual. Se ao invés de uma consciência arguta do grande quadro de referências dentro do qual ocorrem os fatos em pormenor, partirmos do malfadado particularismo do noticiado, sempre incorreremos em análises pequenas e expressões apaixonadas que nada colaboram com a *metanoia* do Brasil.

Na semana passada, aliás, tive uma experiência bastante exemplar do que tento demonstrar. Estava num debate público sobre a eutanásia, num belo auditório em Telheiras, próximo ao Seminário São Francisco em Lisboa. Participavam da mesa, além de mim, um jurista, uma psicóloga e uma médica e também deputada da Assembleia da República portuguesa. Durante a sua fala, a representante do povo deu a entender que a aprovação ou não do projeto de lei em tela dependeria única e exclusivamente da luta política; de um confronto dos diferentes setores da sociedade civil em torno da chamada *morte com dignidade.* Em seguida à sua intervenção, foi minha vez de arguir: durante vinte minutos, não falei outra coisa senão que a eutanásia – ou qualquer outra sensível questão da convivência humana – não poderia ser compreendida senão por uma confissão de perspectiva. Ou seja: quem quer que defenda a legalização da morte nesses termos, ou quem quer que a abomine, não o faz senão desde uma perspectiva de mundo, de vida, de sentido de humanidade. Por isso que, ainda que a esfera política seja urgente, defendi uma visão ampla por parte das pessoas daquilo que considero, no fundo, uma guerra cultural. É neste plano dos valores e princípios no qual se originam as crenças e consequentes defesas políticas e ideológicas, que julgo se darem as mais *profundas e contínuas* guerras. Da dimensão necessária e transcendente às oposições pontuais, emana um tipo de conhecimento que verdadeiramente é capaz de nos ordenar e, ao fim e ao cabo, dar a ver o sentido último do que passa.

Arte, filosofia, cultura geral, história, são mais potentes como lentes de compreensão dos fatos diários do que estamos acostumados a pensar. É claro que o jornalismo, o comentário político e o debate de ideias não devem sair de nosso horizonte; apenas advogo a favor de um horizonte que não se esgota no miserável alcance de nossas vistas presentes.

É bastante promissor o que uma obra como *A Queda dum Anjo*, de Camilo Castelo Branco, ou as crônicas de Machado de Assis, ou a música de Villa-Lobos, ou a poesia de Drummond e Bandeira, ou as letras de Freyre, Darcy, Buarque de Holanda, Raymundo Faoro, Oliveira Vianna, José Honório Rodrigues e Capistrano, ou ainda o romanceiro de Cecília, podem nos permitir inferir de nossa vida nacional. De nosso destino, nossos erros mais comuns, nosso passado anedótico, nosso futuro incerto.

Ao nobre leitor eu suplico: é preciso ampliar o quadro de referências pessoais, a fim de enxergarmos mais claramente as forças e elementos em causa, as pautas em jogo, as tendências vitoriosas nessa teia de acontecimentos da qual fazemos parte, somos também atores e, por uma espécie de *dever-ser*, também autores. O destino do país nos pertence, tenhamos consciência disto ou não. E não se ganha consciência de algo sem oposição; sem tornar aquilo, por um distanciamento necessário, objeto de nossa visão – nebulosa enquanto interiormente confusa.

A experiência diária da convivência entre brasileiros não precisa ser adstrita ao modo *torcedor* (legado de nossa paixão pelo futebol) de ser. Seria interessante pôr-nos a ver o jogo como quem inventara o próprio campeonato.

A leitura que amplia a vida

Há uma pergunta recorrente nas minhas aulas sobre literatura: "Tiago, como faço para perceber as nuances da história ou o tema do livro?". Num geral, são alunos dedicados, interessados na obra em questão, e que desejam sinceramente ter um melhor aproveitamento daquilo que leem ou, em última instância, uma experiência estética mais fecunda. Afinal, que razão é mais legítima, para todas as horas gastas com as realizações da grande arte, do que o confessável desejo pessoal de mais vida?

Porque há vida, e há vida em abundância. Tomar *A Comédia Humana* como apenas texto inventado, adequado para o estudo de uma sociedade ou para o lazer no tempo livre, é assemelhá-la à contingência da vida apequenada, empobrecida porque prosaica, cotidiana, sem o *élan* que permita transbordá-la. Uma experiência mais radical da leitura de Balzac é como o alcance e gozo da vida em abundância: então tudo se preenche de sentido, o Sol já não é apenas o astro físico, e as palavras conduzem-me ao consolo do ***todo***, ao invés da limitação da parte.

Em 2015, publiquei *Abertura da Alma*, um simples e despretensioso livro de estreia em que, desde o título, convido os leitores a se permitirem uma experiência mais abrangente dos clássicos literários. Por meio de breves explicações sobre algumas obras consideradas "universais", reforço o argumento de que, com interesse sincero e abertura de alma (outro modo de dizer *sensibilidade para o que verdadeiramente importa*), é possível ao leitor real, de carne e osso, acessar as delícias de um mundo absoluto, mais original quanto mais poético, único capaz de suavizar os golpes duros da existência.

Meus alunos e leitores entendem isso, assim o dizem. Não sabem como o praticar, acrescentam. Pois bem. Este texto servirá como exemplo do que sempre tentei ensinar sobre o tema, e que assenta em dois expedientes muitos claros: a leitura atenta, contrita e o mais desnudada possível de ansiedades e projeções; e a vontade firme de querer "crescer" ou expandir a si mesmo a partir da experiência estética.

As cenas comentadas a seguir são do romance *A besta humana*, de Émile Zola.

A história ali contada é angustiante, assustadora: um crime que gera outro crime, e o desejo de mais outro etc., contaminando vários personagens que se revelam, um a um, "bestas" capazes de diferentes atrocidades contra outras pessoas, movidos por uma fúria ou núcleo de instintos mortíferos, simbólica e literalmente. A narrativa, incrivelmente bem-feita e capaz de prender o leitor da primeira à última página, é um grande feito literário, independentemente dos pressupostos filosóficos ou ideológicos que motivavam Zola, autor do famoso artigo *J'accuse*, texto de grande repercussão política na época.

Séverine é a esposa de Roubaud, e os dois, levados por um ciúme doentio do marido, acabam assassinando o velho Gradmorin dentro de um vagão de trem. A única testemunha do crime – e ainda assim à distância –, é Jacques, um jovem maquinista com inclinações homicidas, que não consegue se relacionar com as moças por ter, à hora do sexo, o desejo louco de matá-las.

Por obra das instruções e investigações processuais, Jacques e Séverine se conhecem e, um tempo depois, se apaixonam. Sua atração é, como podem supor, profundamente doentia, já que existe uma confissão implícita entre os dois, autora e testemunha do assassinato. Ele não revela a verdade sobre os fatos às autoridades; ela sente-se grata. E assim os dois se aproximam, pouco a pouco enredados pelo caos que eles mesmos promoveram e de que passam a depender – como duas bestas famintas pelos tipos de *morte* que só essa relação lhes oferece.

Séverine, no início, hesita em se dar a Jacques: é casada, tem medo do marido, e seus encontros furtivos são mediados pelo moralismo, o receio de serem descobertos, a sua resistência a se entregar ao rapaz que não lhe atraía tanto num primeiro momento. Passam-se algumas páginas e capítulos até que os dois anuam ao desejo quente que crescera no decorrer do tempo. E há um momento na história em que Zola prepara-nos para isso: como o verdadeiro maquinista da experiência literária, ele vai nos conduzindo para a cena que antevê, usando de símbolos muito claros e elementos bem colocados para que, no momento em que o casal finalmente goze da intimidade dos corpos, nós, leitores, só possamos dizer: "ah, sim".

Como ele o faz?

Primeiro, explica as razões de Séverine para a negação do sexo (no caso, suas experiências pregressas, seus traumas de menina abusada pelo velho Grandmorin) e, em seguida, desenha o estado de alma de Jacques, abrindo para o leitor a porta pela qual toda a verdade será dita de forma catártica depois.

"Tal como ela, parecia voltar à infância, iniciando-se no amor que, até então, fora para ele motivo de pânico. Se se mostrava dócil, retirando as mãos quando ela as afastava, era porque **um medo surdo permanecia no fundo da sua ternura, uma grande perturbação, em que receava confundir o desejo com a antiga necessidade assassínio. Ela, que tinha matado, era como o sonho da sua carne.** [...] Mas continuava a não ousar; e era bom esperar, deixar ao seu próprio amor o cuidado de os unir, quando a hora chegasse, no desfalecimento das suas vontades, nos braços um do outro".

Percebam: temos aqui tanto a descrição de um jovem apaixonado, aparentemente resignado às circunstâncias dos seus encontros e, ao mesmo tempo, a sugestão de que isso é momentâneo; de que, muito em breve, o sonho da sua carne serviria ao propósito assassínio que o consumia desde há muito tempo. O autor dá-nos, assim, uma "pista discreta", e torna possível a ebulição do desejo entre os dois amantes, bastando haver as condições de "desfalecimento das suas vontades".

E elas nascem, no parágrafo seguinte, anunciadas por um símbolo potente: uma tempestade. Não é uma chuvinha, mas uma torrente que cai do céu numa noite de julho (quente, portanto). Agora notem a abertura que Zola faz dessa cena amorosa que passamos a esperar, insuspeita e inconscientemente, enquanto seus leitores magistralmente conduzidos:

"Numa noite de julho, Jacques, para chegar ao Havre às onze horas e cinco, a hora regulamentar, teve de forçar a *Lison,* como se o calor sufocante a tornasse preguiçosa. Desde Ruão, à sua esquerda, que uma tempestade o acompanhava, seguindo o vale do Sena, com enormes relâmpagos ofuscantes; e, de vez em quando, ele voltava-se, inquieto, porque Séverine, nessa noite, devia ir ter com ele".

Calor sufocante. Tempestade o acompanhava. Relâmpagos ofuscantes. Séverine, na noite, teria com ele. E com estas afirmações e esta escolha de imagens, Zola *diz sem ter que o dizer*: os dois se entregarão aos desmandos dos instintos, à força bruta da natureza bestial que lhes consome o ser. O leitor atento, aqui, já espera pela enxurrada, o exagero, a fome saciada, os trovões dos corpos quentes e expostos a toda sorte.

Todo e qualquer resquício de ordem ou comedimento entre os dois será deposto pela ação da natureza. E então prossegue o pintor da cena, com Jacques já na estação, à espera de Séverine:

"A escuridão era grande: quatro candeeiros a gás mal rasgavam as trevas, que imensas sombras movediças pareciam aumentar; e, por momentos, só relâmpagos iluminavam as vidraças do telhado e as altas janelas, à direita e à esquerda – distinguiam-se então, como num incêndio, as paredes fendidas, as traves negras de carvão, toda a miséria caduca daquele edifício tornado insuficiente".

Novamente, destaco: escuridão; trevas; as sombras aumentavam; à direita e à esquerda via-se como um incêndio, onde a miséria do edifício passara a ser insuficiente.

Temos aqui a constatação de que os conteúdos mais profundos da alma de Jacques tomaram a dianteira: o que até ali viveram é agora insuficiente. O personagem é movido a relâmpagos; queima como num incêndio.

A chuva aumenta, é preciso abrigar-se. Há salas dentro da estação onde os funcionários podem descansar e se proteger da intempérie. Mas Jacques, atenção, recusa-as. É o desespero o seu motor:

"Ficou à entrada da porta escancarada, sufocado pelo denso calor que ali reinava. [...] No seu desespero contra aquele dilúvio imbecil, crescia um louco desejo de ir de qualquer maneira ao encontro ... era um anseio de todo o seu corpo; acabou por se meter à chuva".

Penso já não ser preciso destacar palavras. O jovem está exposto, aceita o próprio dilúvio. Vai ao encontro de Séverine. E ela chega. De que forma?

"Jacques entrava na profunda escuridão desse abrigo quando dois braços ágeis o envolveram e lábios quentes se colaram aos seus. Era Séverine".

Não há mais dúvidas: ela o envolveu agilmente; seus lábios estão quentes. Uma ou outra troca de palavras e, enfim, a enxurrada:

"E logo, desde o primeiro minuto, quase sem palavras, foi ela quem o atraiu impulsivamente, quem o forçou a possuí-la. Não tinha previsto isso. Deixara-se dominar pela alegria inesperada de o ter, **numa brusca e irresistível ne-**

cessidade de lhe pertencer, sem cálculo nem reflexão. Era assim porque tinha de ser. A chuva tamborilava no telhado da barraca; o último comboio de Paris, que entrava na estação, passou roncando e apitando, fazendo estremecer o chão".

Algo mais precisa ser dito? A culminação da cena e a referência, à hora do sexo, à chuva e ao trem que estremece o chão: tudo, absolutamente tudo, faz sentido, está encaixado. Tinha de ser assim. Somos seus leitores, aceitamos toda a tela pintada parágrafo após parágrafo para despertar a emoção adequada.

Volto ao tema deste texto: é claro que livros de crítica literária são bem-vindos, assim como todo tipo de conhecimento que se possa ter para compreender os diferentes níveis da narrativa ficcional. Contudo, o que realmente fará a diferença nas leituras dessa ordem, comprometendo o leitor – contaminando-o do assunto ali representado -, é a abertura de alma e leitura atenta, pessoalmente interessada.

Para concluir: podemos, num caso como o d'A *Besta Humana*, ler "chuva", como podemos também, no mesmo caso e por meio da mesma palavra, ver tudo que é *chuva*. Não há grande segredo, portanto. No fim das contas, se trata de uma disposição de alma, mais ou menos interessada e viva, mais ou menos consciente da sua fome de totalidade.

A grande maioria é vulgar e desimportante

Verdade seja dita: não somos todos especiais, a não ser para nossas respectivas mães e outro punhado de gente que nos queira bem. Dizendo de outra forma: a grande maioria das pessoas não é importante, nem tem elevadíssimas qualidades que a destacariam da multidão anônima dos viventes.

Isto enunciado assim, sem os beijinhos preliminares, pode causar estrago nos corações mais sensíveis. Afinal, não é este o credo moderno a que nos submetem desde os bancos escolares. Em geral, os indivíduos acreditam mesmo terem talentos invulgares, merecedores de toda a admiração coletiva, e por isto agem como se num programa de calouros em que, passada a sua mostra ou *performance*, todas as cadeiras do louvor devem virar em sua auspiciosa direção. O não reconhecimento, por parte do outro, daquilo que julga ser a base do seu valor irrepetível, gera toda sorte de frustrações e mágoas, sentimentos infantis nos mais crescidos corpos que jamais – repito: jamais – deveriam se dar ao trabalho de se ofender com a falta de aplauso.

A verdade – de novo, esta danada que golpeia todo ego – é que a humanidade é composta de milhões de ***comuns***, e por isto mesmo admiramos a beleza e força raras, as virtudes outras que sobejam nas personalidades que se destacam justificadamente. A vida real, para desespero dos igualitaristas, é hierárquica, desigual na distribuição de capacidades e dons (alguém aqui se lembra da parábola dos talentos?). Daí que seja uma consequência natural, portanto, o esquecimento a que 90% das pessoas estão destinadas.

Se nos casamos, fazemos alguns amigos, temos filhos, atuamos nalguma comunidade, é também por esta razão: porque queremos testemunhas para a nossa pobre existência; uma garantia débil de que, pelo menos nas mentes desses conhecidos, permaneceremos.

O que salta aos olhos, vale também dizer, é o assombro que esta nota óbvia da realidade causa nos homens e mulheres de agora. Iludidos pela cultura vigente, fiéis aos dogmas propagandísticos da massa, sentem-se ultrajados na sua suposta significância quando confrontados com essas afirmações "injustas". As almas são comunistas e ninguém é melhor do que ninguém, repete o gado.

Mas há, sim, pessoas melhores. A história o comprova, delas falamos. Há aquela que pinta maçãs na aula de artes, e há Cézanne. Há aquele que faz versinhos e letras de música para a namorada, e há Baudelaire. Há donas de casa medianas, dedicadas o quanto podem, e há Santa Marta. Há *Bolsonaros*, e há *Thatchers*. Poderá o rapaz que aprende piano na escola da esquina, no interior de Minas Gerais, ombrear Chopin? Talvez. Mas será um, entre milhares, havendo talento e dedicação concomitantes.

O que esta reflexão sugere – era minha intenção ao escrevê-la – é aquilo que Paulo Tunhas, filósofo português, chama de ***desimportantização***: urge encararmos a nós mesmos com menos importância e/ou seriedade. A verdade da verdade da verdade é que, em última instância, **o mundo não depende de nós.**

O desejo é uma doce tortura

No século XIV, os otomanos – povo de origem turca que, àquela altura, formava um império transcontinental – invadiram a península balcânica. Dominaram, a partir de 1354, aquilo que hoje identificamos como sendo os Estados da Albânia, Macedônia, Bósnia, Sérvia e outros da região. Ainda no mesmo período, um sérvio destacou-se como líder da resistência nativa, tornando-se um grande libertador e, por isto mesmo, reconhecidamente herói. Chamava-se Marko (**Марко Мрњавчевић,** para atender aos mais exigentes), e sua história atravessou colinas e fronteiras, persistindo no tempo como forma de testemunho da bravura e engenho sérvios. Para além de todo o estudo feito de sua vida, por meio das fontes preservadas desde a Idade Média, suas realizações assumiram, no teatro do povo, as feições de um mito, cultivado a partir das lendas, cânticos e invenções que desde então lhe são dedicadas. Isto tudo para dizer que há Marko, *de fato*, e Marko, o *mitificado, não menos real.*

Interessa-me o segundo, desde que li *"O sorriso de Marko"*, conto de Marguerite Yourcenar. A autora belga dedica-se a registrar, com liberdade artística, uma das muitas versões que alguns feitos do nosso personagem receberam. Irei resumi-la aqui: na intenção de roubar os planos turcos e aproximar-se do inimigo, o herói, disfarçado, envolveu-se com uma viúva que morava em Kotor. Passadas algumas noites, Marko teve o disparate de reclamar da comida servida pela mulher, humilhando-a. De orgulho ferido, cansada de esconder sob seu teto muçulmano um cristão nativo, a senhora quebra o pacto de amor e revela aos soldados locais o paradeiro do inimigo. Apesar de algumas tentativas de fuga, o futuro rei é preso e levado para o local de tortura.

Como a fama o precedia – já eram conhecidas suas capacidades de luta, superação de dificuldades, engenho e força -, e como a mulher ofendida queria plena vingança, as penas deveriam ser duras. Por sua vez, Marko fez-se de morto assim que capturado, mantendo-se rijo e frio como os animais em perigo sabiam-no fazer. Liderados pela viúva, os soldados, um pouco em dúvida sobre a condição do inimigo, aplicaram o primeiro castigo: com pregos e madeira, crucificaram-no. Nenhum movimento ou gemido do herói foi percebido. A pedido da mulher, seguiram para o segundo: pegaram carvões ardentes e puseram no peito do "morto". Mais uma vez, o corpo de Marko não se moveu, e seus olhos continuaram fechados como os de um falecido qualquer. Entretanto, a cruel e humilhada senhora precisava de uma última confirmação: mandou que chamassem as mais belas moças da aldeia, e que estas dançassem em roda, sensuais, aos pés do infeliz herói. Foi uma morena de longos cabelos que percebeu, discretamente, o rápido olhar de Marko para si, e foi a mesma donzela de beleza inigualável quem vestiu a boca do crucificado com um lenço vermelho, a fim de que ninguém notasse sua sutil expressão viva.

A lenda, e o conto, chegam ao fim como nas melhores gestas: Marko vence a cruz, destrói os inimigos e ainda desposa a bela jovem por quem sorriu. Nas palavras do narrador de

Yourcenar, *"não é a sua glória nem a felicidade de ambos que me comove, esse doce eufemismo, [mas] aquele sorriso nos lábios de um supliciado, para quem* ***o desejo é a mais doce tortura****"*.

Ainda sob o efeito da leitura desta história, perguntei-me dias atrás: que força é esta capaz de causar mais dor do que carvão em brasa e pregos sobre os ossos? Que estranho e aparentemente invencível movimento de alma é este que demove um herói de sua posição, impondo-se sobre a própria resiliência como um obstáculo praticamente insuperável? Em outras palavras: o que é o desejo, senão uma tortura consentida, e por isto mesmo a mais supliciante de todas?

Como nos animais, a alma humana carrega instintos, apetites e desejos. São estas pequenas vibrações das "cordas da existência íntima" que dirigem, ainda que por centésimos de segundos, o sujeito em direção a um objeto que, por atraí-lo de alguma maneira, tem necessariamente poder sobre ele.

Ninguém deseja o que despreza por ser fraco ou insuficiente. Temos, via de regra, fome daquilo que nos pode preencher. A imagem do estômago vazio desejando um bom pedaço de carne em vez de um copo de água é interessante: matar o desejo é gozá-lo substancialmente, dando ao apetite a "quantidade" de objeto suficiente para apaziguá-lo.

O homem, entretanto, à diferença dos animais, tem a capacidade de preferir o copo d'água num dado momento, por motivos vários. Pode manter-se com fome, ou pode saciá-la parcialmente. Pode, inclusive, negar o desejo, tentando arrefecer sua força torturante a ponto de não mais sofrer sua inclinação perturbadora. Assim, por caminhos que não posso tratar aqui, fazem os homens do deserto, os místicos, os que não sucumbem à dança das jovens sedutoras em torno da própria cruz. Estes são aqueles todos que chegam às raias do heroísmo e não alimentam o suplício pessoal com que, vejam só, a maioria de nós impõe sofrimento a si mesmo.

Desejar é sofrer e reconhecê-lo: não tenho aquilo, aquele, aquela quantidade de vida, carne, dinheiro, cultura. Mais: a base do desejo é a confissão desordenada desta falta e, por consequência, do poder que o objeto desejado tem sobre mim. Como forma de autoconhecimento, a soma dos desejos que mais nos afligem são o quadro das nossas impotências e mais sinceras necessidades de consolação. É esta "imagem" de tudo que não temos que serve ao movimento da vida, aquele que nos leva de um objeto a outro – muitas vezes, contra todas as advertências da razão, instância geralmente preterida pela fome desgovernada.

Qual a saída, se até mesmo o herói mítico sorriu diante do corpo sensual da jovem dançarina?

Evitar ou reprimir, como linha de conduta, não parece ser a melhor solução. Falem o que quiser de Freud, mas nisto ele acertou – os efeitos das repressões contínuas podem ser devastadores da psique. Também o atendimento de todo e qualquer apetite faria de nós apenas os animais que sabem matemática, corpos e mentes definidos pelo instinto do momento. Dogmatismo religioso ou liberalismo moral são, a meu ver, faces da mesma moeda opressora da humanidade: as posturas mais radicalmente positivas ou negativas quanto ao desejo são igualmente comprometedoras da estrutura psíquica.

Talvez, e arriscando tocar questões de filosofia moral de dificílimo trato, o melhor seja o famoso "caso concreto": há leis gerais de governança da própria alma, assim como há consciência e vontade envolvidas no processo. Entretanto, a concessão às pequenas torturas autoinfligidas, vez por outra, podem favorecer a própria vida. Um menino de dezessete anos que esteja sofrendo as influências deste meio cultural em que estamos – massificador, politicamente correto e avesso às qualidades do viril – talvez deva mesmo atender ao tesão que sente pela namorada e levá-la para cama. Ou arranjar algumas brigas, dar socos e levar pontapés. Algo desse animalismo me parece genuíno e necessário, pelas razões já expostas. Notem o que está acontecendo com as torcidas de futebol e as regras de comportamento dentro dos estádios: o lugar onde antes o "bicho homem" vociferava e soltava os demônios guardados durante a semana – o ódio pelo chefe, a irritação com a esposa -, promovendo um tipo de catarse semelhante, em alguma medida, à sofrida pelo público que assistia à morte de Agamenon nos grandes teatros gregos, agora vem se transformando em centros de boas maneiras, neurotizantes e idiotizantes. Não tardará ser culpa grave xingar a mãe do juiz ou cuspir no campo.

Marko serve para nos lembrar que os desejos são torturantes e doces justamente porque, por um lado, humilham-nos, destacando nossa insuficiência, sujidade, podridão, ou mesmo bons apetites (o desejo é amoral). Por outro, essas fomes mantém-nos alertas, como se atentos à vida que precisa continuar jorrando de dentro de nós em direção ao mundo. O gozo sexual, por exemplo, é morte e sublimação. É o que nos maltrata pela dependência e "necessidade", e o que nos infunde aquela força subversiva para vencer a cruz, como se disséssemos às musas dançantes: **"aqui, morto, não ficarei"**.

Cultura não "tá" com nada

O autor deste título é um grande amigo meu – um dos sujeitos mais inteligentes que conheço. Quando nos encontramos é certo que, pelo menos uma vez, entre risos e goles de vinho, repita seu adágio: "cultura não tá com nada". Quem o diz, no entanto, é alguém que passou a maior parte da vida estudando, mergulhado na densidade de algumas obras clássicas da filosofia e da literatura, absolutamente interessado em cultura.

Mas, então, que ironia é esta do meu amigo?

Auxiliado pelas circunstâncias pessoais e sociais em que ele afirma a *nulidade da cultura,* a perspectiva desde onde ele fala e que, como amigo e testemunha, reconheço, tento agora esclarecer o dito. Estamos aqui tratando de cultura como aprendizado, não como expressão coletiva de crenças, usos e costumes (este é o sentido etnológico de cultura). Cultos são os indivíduos que tomam para si a responsabilidade de saber o que, numa visão axiológica e hierárquica da vida humana, *é necessário saber* ou não há humanidade. Explico melhor.

Numa escala que não me parece difícil identificar, as obras de Shakespeare são mais necessárias que as de Nelson Rodrigues: ambas têm valor, mas as do dramaturgo inglês são conquistas incontornáveis do espírito humano, de grande valia para todos nós, independentemente do espaço e do tempo. É o que se chama "universal", pois revela e educa constantes da alma humana, e não seus acidentes seculares ou de matiz nacional. Quando Akira Kurosawa faz releituras de peças shakespearianas, traduzindo-as para seu público japonês tão distante culturalmente dos europeus bretões, o faz na intenção de dar a conhecer em língua própria o que de comum sobre o homem disse um estrangeiro. O drama de Rei Lear é mesmo uma hipótese humana transversal.

Daí que os homens e mulheres que se pretendam cultos neste sentido, devem "gastar" a vida na apreensão dessas obras de maior envergadura, que vão de Shakespeare a Platão, de Virgílio a Balzac, de Simone Weil a Van Gogh. Apesar de todo esperneio relativista, são elas a espinha dorsal do *cânone universal* da cultura. Alguém que tenha passado a vida inteira lendo Paulo Coelho e ouvindo *mpb* não pode se dizer culto como outro alguém que tenha dominado, mesmo que parcialmente, os elementos formais e materiais do teatro grego antigo. Se o leitor quiser saber a diferença entre o tipo Vinícius de Moraes e o tipo George Steiner, aí está.

Mas por que o fazem, os verdadeiramente cultos? Por virtuosismo, pura e simplesmente? Por que alguns não nasceram para construir paredes ou trabalhar em escritórios contábeis? Qual a razão de um indivíduo passar a maior parte da sua vida sendo humilhado pela ignorância que confessa diariamente, tomado de referências vindas da grande arte, da filosofia e da ciência? O que deseja, profunda e sinceramente, um homem de cultura?

De forma simples, *cultivar* o melhor. Onde? Dentro de si, na própria alma que é agente de conhecimento e que não se furta às sucessivas alterações que os objetos amáveis – veja bem, amáveis em si mesmos, autodeterminados – geram na sua vida. Homens e mulheres cultos são, no fim das contas, tipos que *precisam* trazer para o foro da intimidade e da existência pessoal a ordem da realidade representada nas grandes obras a que destinam maior tempo de estudo, leitura e contemplação. São exigentes porque não se contentam com o diletantismo que os faria tergiversar sobre o aspecto comprometedor de ler *A Divina Comédia*, por exemplo, ou apreciar por horas a fio *Guernica*. Não se trata de simplesmente conhecer esta ou aquela representação artística, sua escola ou movimento de que faz parte, mas de ser *novo,* enquanto indivíduo, a cada novo olhar para elas. É a expressão radical desse processo a que me refiro: o diálogo incessante da alma que não descansa até que veja as coisas através dos objetos superiores a que aspira como meio, jamais como fim. Aquele que estuda as ideias de Eric Voegelin para poder debater política nas redes sociais ou no meio acadêmico, pode não alcançar o sentido último do verdadeiro processo de "aculturamento" pessoal – coisa que permite a alguém passar os melhores anos da própria vida lendo as obras de Voegelin sem jamais posicionar-se publicamente a respeito.

E se isto é coisa tão necessária à própria sobrevivência da espécie – dado que os homens cultos mantêm vivas, enquanto testemunhas indiretas, as conquistas do espírito humano ao longo do tempo – como é possível que meu amigo diga que isto não está com nada?

É que seu adágio é uma crítica, bastante sincera, à corrupção deste processo de natureza pessoal e intransferível, que leva muitos dos *interessados por cultura* a assumir posições de fundo falso sobre os mais graves e importantes temas, aspectos e objetos valorosos da vida humana. Via de regra, a multidão de opinadores que agora vemos por aí, a falar levianamente de Aristóteles ou de Chesterton, não têm o coração nas mãos quando falam. São, no sentido de Georges Bernanos, ***impostores***. Arrogam para si um direito que, no fundo, não têm: aquele de falar em nome de grandes grupos, ou de ditar regras de conduta ou, pior ainda, planejar futuros civilizacionais. Porque não realizam o movimento de descida aos próprios infernos, não se instalam na incômoda e comprometedora posição dos que "dão a vida por saber". Ao invés disto, tagarelam, gritam suas frustrações pessoais; alguns, vendem suas limitações e falsificações como modelo de ... cultura (!?). São geralmente sujeitos que não colocam a pele em jogo, como diria Nassim Taleb: discursam desde posições confortáveis e amparadas pela matilha de que fazem parte; vozes autênticas são raras, e a sua pretensa multiplicação neste nosso tempo é sinal de engano. "*São guias cegos guiando cegos*" (Mt 15, 14).

Walter Benjamin, em *A vida dos estudantes*, fez também uma crítica à impostura intelectual, tornando mais patente o abafamento da vida interior pelos imperativos sociais apelativos da época histórica que experimentava. Disse: "todo indivíduo atuante aspira à totalidade, e o valor de uma realização está justamente ali, no fato de que possa se expressar a essência total e indivisível de um ser humano. No entanto, o desempenho socialmente fundamentado, tal como o encontramos hoje em dia, não abrange a totalidade, mas é algo completamente fragmentário e postiço. Não raramente a comunidade social é o lugar onde se luta, sorrateiramente e em cumplicidade com outros, contra desejos mais elevados e metas próprias, e onde o desenvolvimento genuíno e mais profundo é encoberto. Na maioria dos casos, o desempenho social do homem comum serve para recalcar as aspirações originais e autênticas do homem interior".

Eivada de um desenvolvimento genuíno e *total*, cultura não *tá* mesmo com nada. É com este espírito que recebo grande parte das demonstrações virtuosas de saberes que pululam aqui e acolá, no Brasil ou em Portugal, vindo dos mais incapazes e insuspeitos tolos que possam existir. Qualquer dona de casa que esteja alimentando seus filhos e mantendo a limpeza do lar, está fazendo muito mais pelo mundo do que os cultos sazonais, que prometem salvá-lo elegendo algum sujeito ou criticando Leandro Karnal.

É esta a verdade, caro leitor. Pouco importa, aliás, se você concorda ou se isso lhe ofende (suas convicções políticas ou ideológicas no momento). Se algo urge é justamente esta retomada de consciência, esta confissão que cada um de nós tem de fazer sobre seu próprio tamanho e lugar no mundo. É preciso, antes de tanta cultura, educar a nós mesmos, a nossos filhos em casa, também a forma como nos relacionamos ou partilhamos o alimento da mesa. Muito antes da cultura, há empregos a serem mantidos, venezuelanos a serem acolhidos, almas doentes a serem salvas; riqueza a ser criada, casas a serem construídas, ruas a serem limpas, uvas a darem vinho.

Diante de tanta realidade, essa "cultura" toda não *tá* com nada.

Sobre sexo e pedofilia

Recentemente a pedofilia voltou ao tropel de expressões que configura nossa grande mídia, as redes sociais e uma parte da conversação diária. É verdade que no fundo o assunto sempre esteve presente aqui e acolá, em projetos de lei, programas de televisão, revistas e jornais, debates político-partidários. Mas é inegável que nas últimas semanas o tema dos "direitos sexuais" das crianças e a relativização do ato criminoso – então passivo de compreensão em virtude da doença que acometeria o *pedófilo enquanto vítima* -, tomou a dianteira das preocupações coletivas nessa sociedade brasileira já bastante cumulada de problemas.

A questão é complexa e poderia ser abordada de diferentes maneiras. Passa, por exemplo, pelo que entendemos por sexo e seus matizes culturais, por perspectivas religiosas compartilhadas (ainda) pela maioria das pessoas, por dramas morais, por incertezas jurídicas e científicas etc. O cenário é tão espinhoso que permite a alguém dizer que na Grécia Antiga se praticava a pederastia sem maiores culpas, e a outro alguém recordar que a infância é tempo de inocência e pureza, tornando-se um pecado corromper a sua natureza por meio de atos libidinosos impostos pelos mais crescidos.

Além disso, tratar do assunto, para mim, exige aquele tampão no nariz que os desentupidores de fossas precisam para não enjoar enquanto literalmente escoam merda. Se tem algo que me desperta horror é a cena de um homem adulto aproveitando-se sexualmente de uma criança, e acredito, com algum alívio, que a grande maiores dos leitores também sinta a mesma repulsa por esse sujeito. Contudo, nossos sentimentos e capacidade de xingamento não resolvem o problema; o debate público que temos visto acaba por se limitar a cusparadas de ambos os lados – defensores contra acusadores, relativistas morais contra religiosos, progressistas contra conservadores -, e uma abordagem mais madura e segura do tema, relegada a nichos menores de conversação.

Minha pequena contribuição é a seguinte: existe um princípio universal que rege as relações sexuais – independente, portanto, de país, região, data histórica. Esse princípio é o do **livre consentimento:** havendo concordância das partes envolvidas, tudo é permitido. A mulher quer ser sodomizada e pede ao marido que o faça: ele aceita, gosta, então praticam. O rapaz tem o desejo de ver sua namorada transando com outro, na sua frente (uma variante do *voyeurismo*): se ela, exercendo sua liberdade, anui, então realizam o desejo. O que eu e você temos a ver com isso? Creio que nada. Parafraseando Saul Bellow, que certa vez se manifestou sobre o assunto: o que fazem os outros entre quatro paredes só diz respeito aos que lá estiverem, ***com exceção*** das situações que envolvam crianças e animais, que dizem respeito a todos, inclusive à polícia. Ou seja: o princípio do livre consentimento – que permite juntar numa mesma cama duas mulheres e dois homens, três homens e uma mulher, um sujeito com roupa de couro e máscara e uma acompanhante com chicote – impede a participação de crianças, justamente pelo fato de que crianças *não são livres para decidir ainda.*

Em qualquer Estado de Direito, as leis assim o reconhecem, nas diferentes expressões da vida social. Crianças não votam, por exemplo (exige-se, no Brasil, pelo menos dezesseis anos completos); também não dirige, não faz o próprio imposto de renda, não casa sem anuência dos pais, não se interna sozinha num hospital, não compra bebidas e cigarros: a letra da lei, e todo o ordenamento jurídico que a sustenta, protege os pequenos e estabelece, segundo um consenso geral, os limites mínimos para cada ato segundo o que se supõe do desenvolvimento da maturidade. O código penal brasileiro afirma que sexo com menores de quatorze anos configura estupro presumido, ainda que, atualmente e já sob efeitos da revolução sexual em marcha, haja juízes decidindo o contrário e relativizando a presunção de violência (uma discussão que não cabe aqui, por limites textuais e de perspectiva).

Portanto, volto à abordagem central: quando deixamos de ser crianças? Aos quatorze? Ou não, já avançamos muito nas últimas décadas e a adolescência começa aos doze, aos treze? Os limites, levadas em conta todas as circunstâncias culturais e históricas, são mesmo difíceis de serem estabelecidos – o que nos impõe, enquanto sociedade civil, o dever da prudência com relação a isso, além de uma necessária previdência coletiva: se, por via legal, diminuirmos a idade considerada suficiente para o consentimento sexual, por exemplo, em que lugar estaremos daqui a cinquenta anos? Havendo a confissão, pelas instituições que nos representam, de que a infância diminui de tamanho com o avanço das gerações, o que nos restará fazer muito em breve?

Além disso, algo menos apocalíptico: com que idade temos realmente consciência dos nossos atos – entendendo-a como percepção das causas e consequências daquilo que fazemos no instante que o fazemos? Uma menina com quinze anos hoje, tem consciência da gravidade das suas escolhas sexuais?

A relação com o próprio corpo, as descobertas pessoais, o prazer, a intimidade com o outro, são todas realidades importantes, boas em si mesmas, especialmente se vividas da maneira mais natural possível e livre de neuroses, constrangimentos ou imposições. O sexo, para incômodo dos anjinhos que circulam por aí a falar de Santo Agostinho dia e noite, é uma maravilha (melhor desfrutada quanto maior a capacidade de anuência e liberdade). É aquela área da vida humana em que nos provamos escravos ou não; aquela zona tensional em que nos aproximamos dos animais e, ao mesmo tempo, gozamos um instante de eternidade com o orgasmo que nos retira do mundo, abranda nossas contenções e nos imiscui no consolo do nós.

E de diferentes modos, precisamos disso justamente quando deixamos de ser crianças.

Aqueles que cumulam de flores o estado bruto do mundo

Georges Simenon confessava que, terminado um novo livro, procedia à revisão a fim de excluir todas as "frases bonitas" que houvessem ficado pelo texto por descuido seu. O escritor belga fazia coro a um tipo de *minimalismo* formal perseguido por tantos outros autores – como Hemingway ou Bukowski -, que tem como característica justamente a "ausência de adornos", quer dizer, escrever apenas o estritamente necessário para que a história seja contada. Os acréscimos para efeito de gozo estético ou impressão positiva do leitor não eram, deste modo, bem vistos pelo criador do personagem Maigret, nem pelas outras vozes a que se juntava na realização de uma literatura clara e sem floreios.

É absolutamente compreensível sua perspectiva: o que importa, já diria C. S. Lewis, é a história. Sabemos distinguir, aliás, quando o autor se sobrepõe a ela e, no ímpeto de originalidade ou na tentativa de dar causa a suspiros de admiração pela frase (em vez de pelo conteúdo da narrativa), acaba falhando no seu intento criador, legando uma obra esteticista em que a moral da história importa menos. Entretanto, também é possível ver as coisas de outra maneira e justificar aqueles que procederam diferente dos minimalistas, dando grande importância aos pormenores das palavras, seus efeitos, seu eco no coração do leitor que não é afetado apenas pelo conteúdo da vida, mas também pela sua forma.

Quem tenha lido algum livro de Marguerite Yourcenar, de Vergílio Ferreira ou de Virginia Woolf percebe a diferença, quando comparados aos escritores mencionados no primeiro parágrafo deste texto: suas páginas, para usar uma analogia, são sons que se propagam com maior extensão, longe, como a corda do violão que se estica para manter o acorde. Esses autores não se contentam em contar a história: preenchem-na, sim, de "frases bonitas", não por virtuosismo, pura e simplesmente, mas por uma delicadeza que se lhes impõe no ato de narrar e sempre conferir de maior beleza aquilo que contam. Não pecam, ainda, pelo exagero, sacrificando o "que" pelo "como", pois os grandes sabem como fazê-lo sem perder o fio da meada da história que se propõem imortalizar: talvez por isto mesmo guardam, para todo o sempre no fundo da intangível memória coletiva de todos os leitores de todas as gerações, coisas tão "sem beleza" quanto os malabarismos mentais melancólicos de uma *Mrs Dalloway*.

É impressionante o que Vergílio Ferreira, por exemplo, faz em seu romance de maior fôlego, *Aparição*. É daquelas histórias sem grandes trunfos, reviravoltas, marcos inesquecíveis; é bastante simples, por si mesma, e bastante universal. Mas há em muitas de suas páginas um convite para a experiência estética que caminha junto com o enriquecimento da imaginação moral, que não se satisfaz em dizer, mas em dizer com reverência à beleza, dando-lhe todas as possibilidades de expressão.

Por certo, falamos aqui de zonas limítrofes, difíceis, tentadoras tanto lá quanto cá. Há genialidade tanto no que faz um Hemingway quanto no que faz um Thoman Mann (que em *Morte em Veneza* realiza uma obra de perfeição no que diz respeito a história e reverberação estética). E toda essa exposição de aparente erudição de minha parte não tem outro motivo senão este: destacar que há um mundo de escritores que, compreendendo uma necessidade de todos os homens, cumularam de beleza a experiência da vida.

Se por um lado todos temos vidas prosaicas, comuns, até mesmo vulgares, por outro não nos alegramos com isso: queremos mais, queremos que nossas biografias tenham a beleza do sentido e sejam salvas do esquecimento. Se pudéssemos, contaríamos nossas histórias pessoais como aquele protagonista do filme *As aventuras de Pi*, em que os fatos importam na medida em que se tornam matéria de uma narrativa que, no fundo, compomos, criamos, enriquecemos de som, cor e originalidade. Enquanto na trivialidade de certos acontecimentos todos habitamos um mesmo mundo de homogênea condição humana, no requinte da autopoiese, da apreciação dos próprios atos como peças de uma grande cena, alcançamos a força dramática da irrepetibilidade – único lugar onde ninguém fala ou ouve por nós e que consola justamente pela ausência de limites narrativos. As reticências ajudam, é o que estou tentando dizer.

Os minimalistas, como os chamei, também colaboram para esta nossa harmonia criativa: ninguém está negando a beleza de seus livros e a capacidade de suas histórias nos inspirarem de diferentes formas. O que me salta aos olhos, na verdade, é o quanto os outros tipos de escritores sentem, no exercício de sua atividade, aquela mesma necessidade humana de acrescentar, com alguma bondade e compaixão pela vida, camadas de beleza aos brutos martelos do coração do mundo.

E sim, este mundo é belo ainda em seu estado bruto. Mas alegra-nos imenso quando o choro da criança se torna canto.

Os demônios não gostam de ar fresco

Escrevo sob o impacto do documentário feito pela BBC com Ingmar Bergman – uma entrevista que o famoso cineasta concedeu em 2004, já com 88 anos, em sua casa na ilha de Fårö, Suécia. Entre reminiscências sobre seu passado familiar, sua trajetória como diretor e suas maiores influências na sétima arte, nos é dado conhecer um pouco da rotina do autor de *Persona, Sonata de Outono* etc. Logo no início do filme, Bergman revela começar seus dias com longas caminhadas, seguidas de horas de escrita e meditação – para só depois trabalhar, efetivamente, no seu estúdio caseiro. A primeira frase de impacto dita pelo cineasta dá título a este texto: *"os demônios não gostam de ar fresco"*.

Pressionei o botão de "pausa" assim que a li. Fiquei um tempo pensando no que ouvira, enquanto olhava para a tela do meu computador e via aquele genial octagenário compor, com a beleza da ilha onde vivia, um cenário quase idílico, algo análogo ao que percebi e senti assistindo ao programa *O Belo e a Consolação* gravado com o filósofo Roger Scruton em seu refúgio no interior da Inglaterra. Nos dois casos, silêncio, natureza, ordem e "ar fresco" são elementos subjacentes às narrativas de seus protagonistas, ambos aparentemente integrados no *habitat* que escolheram e consolados pelos modos de perfeição que lhes rodeava.

Entretanto, é preciso lembrar, a calmaria e os sopros constantes de uma realidade menos afetada pelos artificialismos dos espaços urbanos, não os tornou imunes às tensões e dificuldades inerentes à condição humana. Tanto Bergman quanto Scruton, um artista e um filósofo, demonstram claramente carregar dentro de si as questões fundamentais pelas quais todo homem maduro precisa necessariamente passar, com maior ou menor sofisticação, se quiser dar justificativas plausíveis à própria existência. Morte, convivência, destino, funções da arte e do pensamento: nada escapa aos martelos da consciência desses dois grandes homens que, às suas respectivas maneiras, retiraram-se do tumulto do mundo mas não renunciaram ao barulho da vida. Porque sim, a vida não é silêncio e cantar dos pássaros apenas: entre o alvorecer mais paradisíaco possível e a madrugada dos sonos, o camponês e o citadino têm de se haver consigo mesmo.

Assim, correr das cidades para as chácaras e aldeias não nos garante muito mais além disto: um terreno um pouco menos invadido de vozes exteriores no qual devemos primeiramente ouvir a nós mesmos. Daí que Bergman, numa de suas frases de abertura do documentário citado, saia com esta verdade universal sobre os demônios – ou seja, nosso mundo pessoal infernal, com seus apetites, neuroses e reclamações – e *o espaço livre,* representado pelos verdes e quase naturais caminhos pelos quais o diretor explora sua ilha.

Quem quer que tenha sofrido com os próprios pensamentos destrutivos, repetitivos e desoladores, motivados por objetos externos ou internos, reais ou fictícios, conhece a sensação de aprisionamento que eles geram. A capacidade que temos de retroalimentar o mal – no sentido de reforçá-lo por hábitos rapidamente adquiridos ao longo dos processos mentais – é bastante grande, e acaba por nos lançar, com o passar do tempo e a sua constância infernal, num ambiente fechado onde as luzes têm dificuldade para entrar. Em outras palavras, todo aquele que condena a si mesmo a um pensamento cíclico de origem falsa, cruel ou demoníaca, está como cativo; tranca-se num quarto escuro da própria casa existencial e perde, pouco a pouco, a habilidade para voltar, girar a chave da porta e enxergar o que mais há "lá fora".

Os demônios não gostam de ar fresco pela simples razão de que amplidão contraria fechamento. A óbvia relação entre liberdade e espaço aberto serve ao nosso propósito aqui estabelecido: os apartamentos cada vez menores, as convivências sempre mais condicionadas por ares controlados a temperaturas de 24 graus, a permanência em caixas limitadoras como os elevadores, os centros comerciais, os cinemas e, em última instância, os quartos escuros a que cada um se destina com seus computadores e conexões *wi-fi* que desprezam necessidades outras da *habitação* humana no mundo, acabam reforçando as vozes demoníacas que são feitas de mesmice, nunca de *transgressão criativa.*

O mesmo irrompimento que fazemos para vir ao mundo, a espécie de "extrusão" do útero em que se realiza o nascimento, é uma ação que necessariamente tem de ser atualizada ao longo da vida, no sentido de constantemente nascermos para um mundo cada vez maior, com espaços cada vez menos limitadores da autopoiese a que chamamos viver. Em resumo, viver é nascer de novo e de novo, descontentes dos ares rarefeitos em que nos encontrávamos no momento anterior. É isto que pode nos mover em direção às conquistas de liberdade que se materializam no que aprendemos, no que passamos a amar para nosso proveito, nas coisas nefastas que deixamos de fazer e que nos aprisionavam.

Há, segundo acredita Bergman, uma correspondência, portanto, entre as físicas caminhadas ao ar livre e a vitória sobre as repetições dos pequenos espaços conhecidos. É símbolo do nascimento o "vir para fora", ainda que o autoconhecimento seja um "caminhar para dentro".

Não era meu objetivo trazer fórmulas de solução para esta tensão humana, condicional. Apenas era meu desejo dizer – a quem esteja agora mesmo cativo dos próprios pensamentos – que um primeiro passo para recuperar a liberdade perdida talvez seja abrir a janela.

Os escritores, gente sem-teto.

De que condições exteriores precisa um escritor para escrever? Para além dos pressupostos elementares, subjetivos, como vocação e domínio da linguagem, que elementos fora de si podem ser considerados determinantes na realização da sua arte? A pobreza, o gênero, a situação cultural do próprio país, inibem a produção literária?

Se o leitor, agora, pensar em Jacob Wassermann, Edgar Allan Poe ou Carolina de Jesus, ficará tentado a responder que não: o bom escritor não se furta ao dever pessoal de escrever por que está sem dinheiro ou apoio social. Sofre, sem dúvida alguma, e esse sofrimento acaba por ser matéria da criação, como podemos reconhecer nos livros dos três autores citados. Entretanto, também é inegável que algum favorecimento externo, o mínimo de garantias existenciais e um "sopro favorável" ao exercício da escrita possibilita, com menos angústia ou ressentimento, a realização de obras de grande valor.

Partindo de questionamentos semelhantes, Virginia Woolf se debruçou sobre o tema das condições mínimas necessárias para a escrita, dirigindo sua atenção para as mulheres. O ensaio publicado em 1929 sob o título *Um teto todo seu (A Room of One's Own,* no original), é fruto das lições que proferira, um ano antes, em Cambridge, a convite de duas faculdades de público feminino. A questão então proposta para a autora de *Mrs*

Dalloway, As ondas ou *Entre os atos,* era sobre a relação entre a mulher e a ficção ao longo da história. Respondendo ao que lhe fora pedido, Woolf não deixa, contudo, de desenvolver profundas reflexões sobre algo mais amplo do que a escrita feminina, ou as dificuldades das mulheres em fazer literatura: com o seu talento habitual para narrar, vai ao cerne daquilo que podemos chamar o *núcleo* de possibilidades da escrita. É a própria autora quem assim formula a pergunta que permeia todo o ensaio: "mas qual é o estado de espírito mais propício para o ato de criar? É possível que alguém tenha a definição do estado que incentiva e torna possível essa estranha atividade?"

Woolf adota um método para responder a isso: contar uma história, como sói acontecer aos escritores. Escreve um tipo de discurso misto, em que o ensaio se faz ficcional, e a voz que predomina na condução do problema é a de uma personagem, Mary Beton, *alter ego* de Virginia que está disposta a conhecer os meandros da relação das mulheres com a ficção, passando pelos obstáculos que os homens, em seu conservadorismo histórico, teriam criado para manter o "segundo sexo" afastado da produção literária. Como se num diário, e começando pelo século XVI, o ensaio atravessa o tempo e ressalta as dificuldades enfrentadas pelas mulheres para se tornarem, além de musas inspiradoras, protagonistas da escrita. Com algumas tentativas mais ou menos falhadas, é com Jane Austen que, segundo Woolf, realiza-se uma obra de engenho capaz de provar ao mundo a capacidade igualmente legítima da mulher em escrever em prosa. Comparando a autora de *Orgulho e Preconceito* a Shakespeare, diz Virginia a dada altura do texto:

> "Aqui está uma mulher dos anos 1800 que escrevia sem ódio, sem amargura, sem medo, sem revolta, sem sermão. Era assim que Shakespeare escrevia, pensei, olhando para Antônio e Cleópatra; e, quando as pessoas comparam Shakespeare e Jane Austen, talvez queiram dizer que a mente dos dois consumira qualquer impedimento, e por essa razão não conhecemos Jane Austen nem Shakespeare, e por essa razão Jane Austen permeia cada palavra que escreveu, assim como Shakespeare".

O ponto em questão era, segundo Virginia, a ausência de ressentimento. Ainda que Emily Brontë ou George Eliot tenham exercido papel fundamental na trajetória de conquistas femininas na literatura – particularmente Eliot, que segundo Woolf realizara obras de incontornável valor -, foi Jane Austen a primeira mulher capaz de, assim como o bardo inglês, escrever livremente, sem dar a seus livros um tom impotente, ou de lamento pela sua condição social ou de gênero que, nas outras escritoras, parece haver. Austen, tanto quanto Shakespeare, é uma autora íntegra – leia-se "acima das próprias circunstâncias" -, e por isso conduz o leitor à verdade.

Justamente aí, ao comentar brevemente as criações desses dois grandes autores, é que Woolf fala de uma colaboração entre o feminino e o masculino, antes de tudo na mente do escritor – independentemente do seu sexo. A escrita, diz-nos a autora, é fruto da abertura para a totalidade, e os melhores escritores exerceram plenamente seus "lados" opostos, como num perfeito casamento:

> "Um pouco de colaboração é necessária entre a mulher e o homem na mente antes que a arte da criação possa ser atingida. Um certo casamento dos opostos deve ser consumado. A totalidade da mente precisa estar aberta para termos a sensação de que o escritor está transmitindo sua experiência com perfeita plenitude. É preciso haver liberdade, é preciso haver paz. Nenhuma roda deve ranger, nenhuma luz deve piscar. As cortinas devem ser fechadas. O escritor, pensei, assim que sua experiência acabar, deve recostar-se e deixar que a mente celebre suas bodas na escuridão".

Então a questão que dera causa às lições proferidas em Cambridge assumia novo matiz: já não importava tanto o gênero do escritor – em especial, os contornos da produção literária feminina, como se esperava que Woolf detalhasse pormenorizadamente -, mas a sua habilidade em conjugar, dentro de si, as oposições e complexidades da vida humana. À "peleja dos sexos", deve sobrepor-se outra, de fundo íntimo e mais maduro:

"Toda essa peleja de sexo contra sexo, de qualidade contra qualidade; todo esse clamor por superioridade e essa imputação de inferioridade pertencem ao estágio colegial da existência humana, no qual há "lados" e é necessário que um lado derrote o outro, e é de extrema importância subir em uma plataforma para receber das mãos do próprio diretor um troféu ornamentadíssimo. Conforme amadurecem, as pessoas deixam de acreditar em lados ou em diretores ou em troféus ornamentadíssimos".

A visão de Woolf é clara: as diferenças de gênero importam até certo ponto, jamais indiferente, como parte das pré-condições necessárias ao espírito individual que se pretende artístico, como pretenderam tantas mulheres com vocação para isto. É verdade, diz a autora por meio de seu *alter ego*, que ao longo do tempo essas mulheres não gozaram nem da mesma liberdade nem dos mesmos direitos para escrever ou, algo mais basilar ainda, trabalhar e receber o próprio dinheiro. De alguma maneira, as lições apresentadas em Cambridge naquele ano, coadunam com a próprio biografia de Virginia, ela mesma uma voz marcante e revolucionária na defesa de tudo o que "um quarto todo seu" representaria concretamente para as mulheres. Entretanto, como já se notou, é reducionista a leitura do seu ensaio que ignore todas as realidades ali tratadas, como alguns movimentos feministas o fizeram ao longo dos anos, imbuídos de viés ideológico usado para favorecer este ou aquele ponto de vista. A apropriação simplista das palavras de Virginia Woolf, dirigidas, assim, para um ataque ao suposto "sistema patriarcal" e seus desmandos machistas é, a meu ver, uma desonestidade intelectual. *Um teto todo seu* não é um texto propagandístico, ainda que preciso na análise da condição feminina ao longo dos últimos séculos – e da consequente chamada de atenção para as disparidades e injustiças sofridas pelas mulheres. As lições de Woolf são, além disso, uma ode à escrita livre e um reforço ao dever de todo escritor, homem ou mulher, de ser fiel a si mesmo. Já perto do final do texto, confirma-nos essa perspectiva:

> "Contanto que você escreva o que tiver vontade de escrever, isso é tudo o que importa; e se isso importará por eras ou por horas, ninguém pode afirmar. Mas sacrificar uma ínfima parte de sua visão, uma só de suas nuances, em deferência a um diretor

qualquer com um troféu prateado nas mãos ou a um professor qualquer com uma fita métrica na manga é a mais abjeta das traições; e o sacrifício de riqueza e castidade que era tido como o maior dos desastres humanos é um nada em comparação".

É esse o "estado de espírito mais propício para o ato de criar": o que faz do mundo interior um espaço livre, jamais sujeito às pressões externas ou aos mandos coletivos. A voz que deve prevalecer é a pessoal, inalienável, e nem todas as dificuldades externas poderiam abafar o clamor ou vontade de escrever que ressuma desde o coração do artista.

Mas o ensaio tem seus pés no chão, e o título dado ao conjunto de lições de Virginia não é gratuito: existem, sim, condições materiais que favorecem a escrita, tornando menos dolorosa a expressão daquela voz pessoal insubornável. E se todos aqueles vocacionados para a escrita sofrem das mesmas necessidades para o fazer, é fato incontroverso que as mulheres foram ainda mais constrangidas para realizar seus projetos dessa ordem – muitas vezes a ponto de serem impedidas. Feita uma revisão histórica das limitações materiais e sociais impostas a elas, Woolf afirma que um espaço próprio e uma quantia de dinheiro anual são os requisitos mínimos para toda e qualquer escrita. Daí o *"um teto todo seu"*, em que o escritor ou escritora possa gozar da sua liberdade sem ter de dividir seu espírito entre os reclames da arte e os da vida cotidiana, emergenciais, contingentes. É desejável, depreende-se do ensaio, que o autor escreva sem a ameaça da pobreza, o perigo do despejo, a preocupação com as contas atrasadas ou a angústia de não ter qualquer garantia material futura.

Quem poderia discordar disso? Entretanto, somos forçados a reconhecer, especialmente os escritores, que a garantia de um teto não salvaguarda a realização da obra. Se, nas palavras de Chesterton, o homem é mesmo um vadio que anda sobre a terra à procura de uma casa, quem escreve talvez seja aquele tipo de gente sem fortuna que, antes das outras pessoas, já perdeu as ilusões sobre esta vida desabrigada. Como ensina Woolf,

> "o que se conclui dessa imensa literatura moderna de confissão e autoanálise é que escrever um trabalho genial é quase sempre um feito de dificuldades prodigiosas. Tudo vai contra a verossimilhança que advirá da mente inteira e integral do escritor. As circunstâncias materiais em geral estão em oposição. Os cachorros vão latir; as pessoas vão interromper; o dinheiro precisa ser ganho; a saúde vai sucumbir. Além disso, acentuando todas essas dificuldades e tornando-as mais difíceis de suportar, há a indiferença notória do mundo. Ele não pede às pessoas que escrevam poemas, romances e histórias; ele não precisa disso".

Um país se faz com
homens e livros.
Monteiro Lobato

Essa obra foi composta por Ricardo Bogéa, em Adobe Garamond Pro e impressa no papel pólen soft 80g/m2 e cartão supremo 250g/m2 nas capas pela Power Graphics para a Linotipo Digital Editora e Livraria Ltda em dezembro de 2020.